Scoprire i Giochi Gratuiti Online

Disponibile Qui:

BestActivityBooks.com/FREEGAMES

5 CONSIGLI PER INIZIARE

1) COME RISOLVERE LE PAROLE INTRECCIATTE

I puzzle hanno un formato classico:

- Le parole sono nascoste senza spazi o trattini,...
- Orientamento: Le parole possono essere scritte in avanti, indietro, verso l'alto, verso il basso o in diagonale (possono essere invertite).
- Le parole possono sovrapporsi o intersecarsi.

2) APPRENDIMENTO ATTIVO

Accanto ad ogni parola c'è uno spazio per scrivere la traduzione. Per incoraggiare l'apprendimento attivo, un **DIZIONARIO** alla fine di questa edizione vi permetterà di controllare e ampliare le vostre conoscenze. Cerca e scrivi le traduzioni, trovale nel puzzle e aggiungile al tuo vocabolario!

3) SEGNARE LE PAROLE

Puoi inventare il tuo sistema di segni. Forse ne usi già uno? Per esempio, puoi segnare le parole difficili da trovare con una croce, le parole preferite con una stella, le parole nuove con un triangolo, le parole rare con un diamante, e così via.

4) STRUTTURARE L'APPRENDIMENTO

Questa edizione offre un **TACCUINO** alla fine del libro. In vacanza, in viaggio o a casa, puoi organizzare facilmente le tue nuove conoscenze senza bisogno di un secondo quaderno!

5) AVETE FINITO TUTTE LE GRIGLIE?

Nelle ultime pagine di questo libro, nella sezione della **SFIDA FINALE**, troverete un gioco gratuito!

Facile e veloce! Dai un'occhiata alla nostra collezione di libri di attività per il tuo prossimo momento di divertimento e **apprendimento,** a portata di clic!

Trova la tua prossima sfida su:

BestActivityBooks.com/MioProssimoLibro

Ai vostri posti, pronti...Via!

Sapevi che ci sono circa 7.000 lingue diverse nel mondo? Le parole sono preziose.

Amiamo le lingue e abbiamo lavorato duramente per creare libri di altissima qualità. I nostri ingredienti?

Una selezione di argomenti adatti all'apprendimento, tre buone porzioni di intrattenimento, una cucchiaiata di parole difficili e una spolverata di parole rare. Li serviamo con amore e entusiasmo in modo che tu possa risolvere i migliori giochi di parole e divertirti imparando!

La vostra opinione è essenziale. Puoi partecipare attivamente al successo di questo libro lasciandoci un commento. Ci piacerebbe sapere cosa ti è piaciuto di più di questa edizione.

Ecco un link veloce alla pagina dell'ordine:

BestBooksActivity.com/Recensione50

Grazie per il vostro aiuto e buon divertimento!

Tutta la squadra

1 - Scacchi

```
P C C F O R T I S S I M U S
R A O E P E I B V P R T T A
A L S N R D I S C E R E C D
E B A S S T L U D U M M E V
C U C R I I A P B Y G P A E
E S R T Z V L M M C K U R R
P V I L S Z A I E P Q S E S
T A F N P F Z V O N A C X A
A D I A M E T E R I P F L R
P S C C R B F A G G P M K I
P B I P U N C T A R M E J U
M F U L U D I O L U D I U S
C W M B I X S Q D M P L J B
J C S X U I R E G I N A Z N
```

ADVERSARIUS
ALBUS
FORTISSIMUS
CERTAMEN
DIAMETER
LUDIO LUDIUS
LUDUM
NIGRUM
PASSIVA

DISCERE
PUNCTA
REX
REGINA
PRAECEPTA
SACRIFICIUM
CONSILIO
TEMPUS

2 - Strumenti

```
N S M R E Y A A X I C I A F
O C A F C E S E N P U O K U
V A L Y A R U F Z S Y R Y N
A L L B H C U G L U T E N E
C A E M U U E K U M Z P J M
U M U L M I I M M A L L E O
L A S E C U R I S Z A E I E
A P L I E R S S T U P R A Y
U K E I N M A U R I S Z P K
P R I N C E P S T H C N H X
F O D P G Q Q E Y G J R B T
H T F Z D I D J R U T R U M
Z A J A M C K W M H H R Z V
M S H U B H G G D A U J K J
```

SECURIS	RUTRUM
MAURIS	PLIERS
GLUTEN	NOVACULA
FUNEM	PRINCEPS
IPSUM	ROTA
AXICIA	SCALAM
MALLEO	FACEM
MALLEUS	STUPRA

3 - Aggettivi #2

```
I  V  R  L  N  C  E  S  E  V  W  Y  C  K
J  B  S  Y  S  R  Y  U  L  G  E  J  B  K
V  Z  J  M  I  E  C  P  E  F  D  R  W  C
N  D  Y  F  C  A  D  E  G  R  E  T  A  O
O  A  D  D  C  T  V  R  A  U  S  R  E  M
B  O  T  D  U  R  V  B  N  C  C  A  S  M
I  A  K  U  M  I  G  U  S  T  R  G  U  O
L  M  H  L  R  X  S  S  A  U  I  I  R  D
I  E  W  C  L  A  J  J  N  O  P  C  I  O
S  T  P  I  O  S  L  O  U  S  T  U  E  S
V  H  U  S  M  V  N  I  S  A  I  S  N  A
F  O  R  T  I  S  R  K  S  N  V  H  T  L
G  M  U  G  N  O  V  U  M  L  E  L  E  S
S  E  S  F  N  I  M  U  W  V  C  G  S  A
```

ESURIENTES	COMMODO
SICCUM	NATURALIS
VERAM	DUIS
CREATRIX	NOVUM
DESCRIPTIVE	SUPERBUS
DULCIS	FRUCTUOSA
TRAGICUS	PURUS
ELEGANS	AMET
NOBILIS	SALSA
FORTIS	SANUS

4 - Pesca

```
Y Q O N V T E M P O R U M B
C A N I S T R U M E M C P E
O O C E A N U M A S U I B A
D U Q M E A V P X C I W J C
L G A U E E D A I A G M L H
O O N V E Y H T L A C U S B
H A M O U S O I L U A X Q R
I N H T K U M E A G P Q O A
X F A L D N F N L E P X Q N
K T L V I T I T M N A X H C
I Y E U I W L I M D R J D H
A Q U A M Y U A F O A F J I
N X N S Z E M D Z K T N X A
P O N D U S N T Q X U J G S
```

AQUA
APPARATU
NAVI
BRANCHIAS
CANISTRUM
COQUES
AUGENDO
ESCA
FILUM

FLUMEN
HAMO
LACUS
MAXILLA
OCEANUM
PATIENTIA
PONDUS
BEACH
TEMPORUM

5 - Aggettivi #1

```
G R A V I S P X L J T Q I E
M O D E R N E F G L A X N X
M A G N A Z R D S T R H G O
R A M E T M F U D R D W E T
T R I I U V E N E S U P N I
A O L S U A C N N V S A S C
L M I N W R T Q E W M C P O
S A B Z G T U L R V A T S P
B T E I G I M S L N X I T S
Y I R Q T S X X Y I I V E E
L C A C M I D I U D M A N E
H U L W Z M O A F E U J U O
Y M I C O U Z S Z M S Q I H
A B S O L U T A A W A U S Y
```

AMBITIOSA
AROMATICUM
ARTIS
ABSOLUTA
ACTIVA
INGENS
EXOTIC
LIBERALIS
IUVENES
MAGNA

IDEM
MAXIMUS
TARDUS
DIU
MODERN
AMET
PERFECTUM
GRAVIS
TENUIS

6 - Geologia

```
A T B E I Q E S R S D F D M
C C E S T A L A C T I T E I
O R I R Z O F L O A P S Z N
N Y V D R W R L A L L T S E
T S O M U A F X X A A O Q R
I T L R R M E F S G T N C A
N A C W N J I M F M E E A L
E L A R K Q S E O I A E L I
N S N K F B P E S T U X C B
S W O D Y H E X S E U E I U
Z H Q B Q C C J I S L S U S
Q U A R T Z U F L E Y A M W
G E Y S E R S D E H U T V N
A C C U M S A N C O R A L A
```

ACIDUM
PLATEAU
CALCIUM
SPECUS
CONTINENS
CORAL
CRYSTALS
EXESA
FOSSILE
GEYSER

LAVA
MINERALIBUS
STONE
QUARTZ
SAL
STALAGMITES
STALACTITE
ACCUMSAN
TERRAEMOTUS
VOLCANO

7 - Campeggio

```
K D W G C H A M M O C K R Y
F H E S E N K O I G N I S E
D I T C R Q Q N A T U R A M
C B A S I E Y T R V B O A P
G N B U F M P E B L Y O P U
J D E L U N A M O J B N P N
Y G R A N M A P R H J G A C
L I N T E R H L E I A Z R L
J I A C M H K Q S M P T A Q
L J C A A N I M A L I A T X
J Y U S I L V A M N A N U V
M O L U C A M E R A M C F G
V E U S I N S E C T E B U Y
F O M T V E N A T I O N E S
```

ARBORES
HAMMOCK
ANIMALIA
APPARATU
CASUS
DECIMA
CAMERAM
VENATIONE
LINTER
HAT

FUNEM
SILVA
IGNIS
INSECT
LACUS
LUNA
MAP
MONTEM
NATURA
TABERNACULUM

8 - Arti Visive

```
P  E  N  K  P  C  R  E  T  A  B  C  F  H
N  K  B  T  N  I  F  F  C  V  L  O  A  W
G  O  P  O  U  W  C  U  W  B  P  M  A  F
M  F  H  M  Y  C  B  T  M  O  A  P  R  H
P  R  O  S  P  E  C  T  U  M  L  O  C  A
B  L  T  K  L  L  E  P  K  R  M  S  H  R
G  L  O  S  S  A  R  I  U  M  A  I  I  T
P  M  G  R  W  I  A  Q  P  S  R  T  T  I
C  A  R  B  O  N  E  S  I  L  I  I  E  F
G  R  A  P  H  I  U  M  X  S  U  O  C  E
H  M  P  J  O  D  U  I  S  X  S  T  T  X
T  G  H  E  F  F  I  G  I  E  S  I  U  A
S  T  E  N  C  I  L  F  M  S  M  U  R  M
C  U  Y  R  D  Q  E  L  Y  K  F  M  A  N
```

ARCHITECTURA	DUIS
LUTUM	PHOTOGRAPH
ARTIFEX	CRETA
PALMARIUS	GRAPHIUM
CARBONES	PEN
OTIUM	PICTURA
CERA	PROSPECTUM
COMPOSITIO	EFFIGIES
GLOSSARIUM	STENCIL

9 - Esplorazione

```
Z  Y  T  E  S  E  D  I  G  N  O  T  U  M
D  Y  U  N  P  T  E  D  I  S  C  E  R  E
J  D  M  V  A  K  T  T  R  A  V  E  L  X
X  V  U  O  D  W  E  D  R  S  K  Z  B  O
R  Z  L  W  E  M  R  B  C  J  Y  B  H  B
I  I  T  V  Q  H  M  L  J  I  U  D  B  N
A  S  U  D  U  H  I  N  V  E  N  T  I  O
K  N  S  T  L  I  N  G  U  A  D  E  X  B
F  O  I  O  D  O  A  D  A  S  C  Y  W  B
E  V  Y  M  A  S  T  H  N  N  U  T  F  J
R  U  D  B  A  M  I  T  I  G  L  V  I  Q
A  M  S  P  T  L  O  X  M  L  T  K  R  O
X  O  I  W  N  Z  I  I  U  P  U  Y  C  W
S  P  A  T  I  U  M  A  S  S  S  Q  K  B
```

ANIMALIA
ACTIO
ANIMUS
CULTUS
DETERMINATIO
TUMULTUS
LINGUA

NOVUM
DISCERE
IGNOTUM
INVENTIO
FERA
SPATIUM
TRAVEL

10 - Tempo

```
N M F D I E G V T N F X X M
H O I A E A N N O K U M J G
O A C N N C M Y Q U T O E T
R K A T U T E J C H U X L W
O W L E E T R N E K R V Z P
L H E O S S I A N N U A U O
O O N K D O D S T I M U H S
G R D M Y E I B U R U A O T
I A A J J I E C R X L M D H
U G R A D H S M Y K M A I N
M H E R I E B I X T E N E X
S S E P T I M A N A N E H V
I N F Q R T H X J F S F G N
X Y F M P D O K A L E Y X O
```

ANNO
ANNUA
CALENDAR
DECENNIUM
POST
FUTURUM
DIE
HERI
MANE
MENSE

MERIDIES
MINUTIS
NOCTE
HODIE
HORA
HOROLOGIUM
MOX
ANTE
CENTURY
SEPTIMANA

11 - Autunno

```
U P B G P O M A M T X S T F
M E N S E S R E T L M T E R
A E Q U I N O C T I U M M U
X N B D J C T A H C K F P G
N D C U X L J S K A M Q E I
G E D V I J C T I E R A S B
F E S T U M P A G L C D T U
G Q L A Y S Y N N I P G A S
J X L U L N L E E K I S S D
Y E U E V B G A S A P I L Y
U J P C A I M E K F D L Q A
J C N Y A D I P I S C I N G
N A T U R A M I G R A T I O
L A A K P T S D L C L E O M
```

CASTANEAE
CAELI
AEQUINOCTIUM
FESTUM
ORCHARD
GELU
FRUGIBUS,

IGNES
POMA
MENSES
TEMPESTAS
MIGRATIO
NATURA
ADIPISCING

12 - Astronomia

```
A S T E R O I D E M Q O F A
O B S E R V A T O R I U M S
E A A P L A N E T A U V E T
Z R E S X I K R W D N W T R
N R U Q T J C R M I I L E O
Y G T C U R J A P A V U O N
Z A I A A I O N Y L E N R A
N L O E B R N L N I R A O U
E A Y L K B E O O S S P N T
B X Y U Z Z O V C G I C J J
U I M M S I D U S T U S L T
L A G R A V I T A T I S F H
A M T E L E S C O P I U M B
V Z R C Y B C O S M O S M P
```

ASTEROIDEM
ASTRONAUT
ASTROLOGUS
CAELUM
COSMOS
SIDUS
AEQUINOCTIUM
GALAXIA
GRAVITATIS
LUNA

METEORON
NEBULA
OBSERVATORIUM
PLANETA
RADIALIS
ERUCA
TELESCOPIUM
TERRA
UNIVERSI

13 - Circo

```
B H K P R T O S T E N D E G
J A A A N I M A L I A X L A
R B L A G G A K T P J B E T
L I I L P E G Q T G U U P A
D T Q H O R I B I B G M H B
F U U J W O A W E I G U A E
H O A Q B U N Z S A L S N R
M K M F M A C S K P E I T N
D A S P E C T A T O R C I A
K O G D V R L M L M K A S C
U B L U V O E J I P O B I U
T J A U S B O W C A L Q M L
H S W X M A A X P M P T I U
W K O N I T P O O U V L A M
```

ACROBAT	OSTENDE
ANIMALIA	MUSICA
ALIQUAM	BALLOONS
HABITU	POMPAM
ELEPHANTIS	SIMIA
JUGGLER	SPECTATOR
LEO	TABERNACULUM
MAGIA	TIGER
MAGUS	DOLUM

14 - Mitologia

```
M  H  R  Q  N  E  B  O  C  L  A  D  I  S
O  B  E  L  L  A  T  O  R  A  O  T  F  A
R  M  O  N  S  T  R  U  M  B  P  R  O  R
T  T  O  N  I  T  R  U  A  Y  I  I  R  C
A  Z  M  S  Q  V  C  G  Z  R  N  U  T  H
L  W  C  A  E  L  U  M  E  I  I  M  I  E
E  B  I  T  G  C  L  A  L  N  O  P  T  T
F  U  L  G  U  R  T  G  U  T  N  H  U  Y
K  P  D  L  P  E  U  I  S  H  E  A  D  P
H  U  J  P  L  A  R  C  K  U  S  N  O  U
V  E  A  B  K  T  A  A  Y  S  P  T  J  M
M  O  R  I  B  U  S  L  L  E  G  E  N  D
S  G  S  O  L  R  Y  I  Q  O  I  S  Y  B
O  W  U  Y  S  A  Q  S  Z  R  V  C  D  I
```

ARCHETYPUM
MORIBUS
CREATURA
OPINIONES
CULTURA
CLADIS
HEROS
FORTITUDO
FULGUR
ZELUS

BELLATOR
LABYRINTHUS
LEGEND
MAGICALIS
MORTALE
MONSTRUM
CAELUM
TRIUMPHANTES
TONITRUA

15 - Piante

```
N R U M B O T A N I C A M H
A L O D U B C G T E F V U E
F R D G S T E R C O R A T R
L A B I H E D E R A B P S B
O D E O M F I T Y A C E Z A
S I A R R F R O N D E T P Z
T X N B A M B O O V G A U L
I J O M C Q H F D I X L J S
H O R T U S P A R R P O W I
V R O W O S L B D E T R M L
B E R R Y H C L O N L U S V
T U U A Q F L U P T Y M Q A
C R E S C E R E S I W V G Z
K C F L O R A V P A A G L X
```

ARBOR	STERCORAT
BERRY	FLOS
BAMBOO	FLORA
BOTANICAM	FRONDE
CACTUS	SILVA
BUSH	HORTUS
CRESCERE	MUSCUS
HEDERA	PETALORUM
HERBA	RADIX
BEAN	VIRENTIA

16 - Spezie

```
A L L I U M B B M I U H C A
L N C N Y E F G P C S C U N
I C E L F I X H Q I R F R I
Q O P T D U L C I S P A R A
U R A S H N U T M E G E Y C
I I G A P U R U S A L N R Q
R A I P A T M Y C Z Z I B C
I N N O P V S N M W G C A R
T D G R R T Z N X U G U A O
I R I E N N Z U S H L M C
A I B M K X L H C U S I O U
E I E V A N I L L A H Q M S
W U R F E A C I D U M J U F
A M A R A M Z V C M S I M Q
```

ACIDUM
ALLIUM
AMARA
ANETHUM
AMOMUM
CEPA
CORIANDRI
CURRY
DULCIS
FAENICULI

SAPOREM
LIQUIRITIAE
NUTMEG
PAPRIKA
PIPER
PURUS
SAL
VANILLA
CROCUS
GINGIBER

17 - Numeri

```
R Q A Q O S O X U S X L Z Q
Q U A T T U O R D E C I M U
U I B U L S E X K D N W M I
N N V I G I N T I E O Z W N
D Q P V C N W R G C V X R D
E U T C D N E E K I E A J E
V E X W W E O S Z M M X D C
I S E W S J N C O S X I U I
G C D E C E M E T O C T O M
I D E C E M P Q D O B Y D N
N S K B Q U A T T U O R E U
T R E D E C I M E D D H C L
I W Q N R J K T H M U N I L
D E C I M A L E S J A O M A
```

QUINQUE
DECIMALES
UNDEVIGINTI
DECEM ET OCTO
DECEM
DUODECIM
DUO
NOVEM
OCTO
QUATTUORDECIM

QUATTUOR
QUINDECIM
SEDECIM
SEX
SEPTEM
TRES
TREDECIM
VIGINTI
NULLA

18 - Cioccolato

```
E  H  E  M  Q  U  A  L  I  T  A  S  M  B
I  X  T  L  F  Y  R  A  D  U  L  C  I  S
N  U  O  Z  V  R  T  P  E  I  X  I  A  O
G  G  R  T  A  D  I  P  I  S  C  I  N  G
R  V  M  C  I  Z  S  E  B  Z  K  P  T  C
E  N  U  J  G  C  A  T  U  V  V  S  I  O
D  G  K  U  R  U  N  I  K  I  E  J  O  N
I  B  D  H  Y  V  A  T  X  S  N  W  X  S
E  A  M  A  R  A  L  U  G  U  T  F  I  E
N  C  V  I  Q  C  L  S  U  G  U  M  D  Q
S  K  X  U  X  H  H  K  S  A  S  M  A  U
D  O  L  O  R  O  G  I  T  R  D  I  N  A
P  U  L  V  E  R  I  S  U  K  W  I  T  T
K  P  P  E  H  L  T  Z  S  Q  H  V  X  W
```

AMARA	INGREDIENS
ANTIOXIDANT	DOLOR
ARTISANAL	PULVERIS
APPETITUS	VENTUS
ADIPISCING	QUALITAS
DULCIS	CONSEQUAT
EXOTIC	SUGAR
GUSTUS	

19 - Guida

```
M O T O R C Y C L E V W Z P
Z X X D E S H G I C I X L E
S P E D E S T R E M A G I R
A G N D G U S H P R T R C I
L E A B T J M Y G W V N E C
U C N C C J A E A V W X N U
T U U E C O P B R Y H S T L
E N L S A I V K A M N J I U
M I L C U N D K G X I K A M
C C A A T T U E E M O T O R
G U N E E F M Q N S Y Y J G
K L X M Q X E I K S F R F Q
C U A V E S T I B U L U M X
J M J M S R A I X A M W R W
```

CAUTE
CAR
ESCA
DUMETA
GARAGE
VESTIBULUM
ACCIDENS
LICENTIA
MAP
MOTORCYCLE

MOTOR
PEDESTREM
PERICULUM
AT
SALUTEM
VIA
AENEAN
NULLA
CUNICULUM

20 - Sport

```
R A E D A S S Z D O L O R X
U R F F M O T U S L U D U M
V L A A P Y A L M U Q T V T
I E T U J N D J G D O H I R
C S H R R B I X G I C C N I
T M L B I T U P T O Y L D S
O B E M V C M K Z L L O I T
R X T V G U E N H U F F C I
N W A T S U U S Y D E A I Q
G Y M N A S I U M I Q C A U
C O N S E C T E T U E R E E
B A S E B A L L H S B B V B
R E F E R E N D A R I U S X
G Y M N A S T I C A E B R F
```

RAEDA
REFERENDARIUS
ATHLETA
BASEBALL
ULTRICES
VINDICIAE
GYMNASTICAE
LUDIO LUDIUS
LUDUM

GOLF
CONSECTETUER
MOTUS
GYMNASIUM
DOLOR
STADIUM
TRISTIQUE
VICTOR

21 - Giocattoli

```
I  T  D  Z  W  P  N  B  S  C  L  V  L  H
C  M  Y  A  F  U  W  A  M  O  A  P  U  U
L  F  A  M  V  P  J  C  V  M  T  P  D  K
B  P  R  G  P  A  M  Q  M  I  R  I  O  V
S  L  T  O  I  A  X  N  S  T  U  L  S  I
L  H  E  K  Z  N  N  Q  R  A  N  A  B  V
Q  O  S  L  H  A  A  A  A  T  C  A  R  A
V  E  N  T  U  S  T  T  R  U  U  J  I  M
B  E  M  M  P  I  A  J  I  C  L  K  R  U
M  A  N  I  R  O  B  O  T  O  O  L  L  S
G  G  K  L  U  T  U  M  W  J  R  P  D  G
Y  O  J  V  P  U  Z  Z  L  E  U  M  E  P
M  G  I  U  D  O  L  O  R  E  M  O  H  H
A  V  I  S  N  X  W  T  Z  M  V  X  A  O
```

VIVAMUS
MILVUS
LUTUM
ARTES
CAR
PUPA
NAVI
TYMPANA
DOLOR

LUDOS
IMAGINATIO
PILA
VENTUS
PUZZLE
ROBOT
LATRUNCULORUM
COMITATU

22 - Uccelli

```
S  T  S  Q  P  A  V  O  M  H  D  Z  A  L
C  T  A  Z  S  Z  X  F  J  M  Q  W  C  X
O  O  R  C  I  C  O  L  U  M  B  A  C  A
L  U  S  U  T  T  B  H  J  F  I  C  I  N
U  C  D  C  T  M  B  Z  G  V  N  I  P  A
M  A  B  K  A  H  P  A  U  G  S  C  I  T
B  N  L  O  C  A  I  U  L  C  A  O  T  I
A  A  J  O  U  N  M  O  L  U  O  N  E  S
M  X  P  A  S  S  E  R  N  L  V  I  R  C
S  E  M  Q  C  E  C  D  N  E  U  A  V  W
F  L  V  U  E  R  S  W  A  N  M  M  Y  R
J  S  S  I  E  E  P  E  L  I  C  A  N  M
G  S  F  L  A  M  I  N  G  O  X  S  K  T
V  W  B  A  M  B  H  E  R  O  N  R  K  X
```

HERON	ANSEREM
ANATIS	PSITTACUS
AQUILA	PASSER
CICONIA	PAVO
SWAN	PELICAN
COLUMBA	COLUMBAM
CUCKOO	PULLUM
ACCIPITER	STRUTHIONEM
FLAMINGO	TOUCAN
GULL	OVUM

23 - Giorni e Mesi

```
S E P T I M A N A J U L Y W
F E B R U A R Y H J Y T X E
Z B F B V H J A N U A R Y D
C A L E N D A R O N M T O N
V E N E R I S J V E A D D E
R S Y L U V M C E S R O A S
D E C E M B E R M A T M A D
A P I N T E P A B T I I U A
L T X J N H N W E U S N G Y
I E H U I R A S R R X I U M
Q M M O N D A Y E D C C S D
U B D K Z H N S I A T A T Z
A E T D A D N B K Y H B Q Q
M R U Q C J O A P R I L I S
```

AUGUST
ANNO
APRILIS
CALENDAR
DECEMBER
DOMINICA
FEBRUARY
JANUARY
JUNE
JULY

MONDAY
MARTIS
WEDNESDAY
MENSE
NOVEMBER
ALIQUAM
SATURDAY
SEPTEMBER
SEPTIMANA
VENERIS

24 - Casa

```
C B W M E F N X S J G L F S
E J H A H O T L E F E A E P
M A V B B L B M P Q N Q N E
J U B A L N E O E V I U E C
G A R A G E A W M E S E S U
T A Z U C L A V E S T A T L
E W C Y M I Y G Q T A R R U
C L B H F B D L O I E I A M
T Q C H O R T U S B M A R R
U B C W C A X C T U B B M E
M N A S O R E E I L H O E Z
L O C U S Y G R U U Z M F R
A T T I C A F N M M M Y N T
P D M Z C D T A R E A C V C
```

ATTICA	HORTUS
BALNEO	LUCERNA
LIBRARY	MURUM
LOCUS	AREA
FOCO	OSTIUM
CLAVES	SEPEM
VESTIBULUM	GENISTAE
IMBER	LAQUEARIA
FENESTRA	SPECULUM
GARAGE	TECTUM

25 - Fantascienza

```
O Q P W P L A N E T A C M I
N R V U A Z T K T E A R U M
U R A Y T Z O I E T L E N A
L C U C W K M W X C Q P D G
L F U T U R I S T I C I I I
A B J H S L C H R A E T X N
K B X S J D U L E R K U A A
T M I R R E S M M Q H S R R
O D Y S T O P I A K X U C I
S U S P E N D I S S E T A A
G A L A X I A C L T D O N J
W Q I D H K L V H L E P U S
W R B X R L I G N I S I M D
I L L U S I O G W H P A P Q
```

ATOMICUS
DYSTOPIA
CREPITUS
EXTREMA
SUSPENDISSE
IGNIS
FUTURISTIC
GALAXIA

ILLUSIO
IMAGINARIA
ARCANUM
MUNDI
ORACULUM
PLANETA
NULLA
UTOPIA

26 - Città

```
U  L  M  T  P  R  L  D  S  Y  E  W  I  F
N  I  V  H  A  I  Q  U  F  T  O  B  Q  O
I  B  J  E  L  P  S  E  L  U  O  U  L  R
V  R  L  A  J  A  T  T  O  N  M  R  L  U
E  A  N  T  D  M  A  H  R  V  W  N  E  M
R  R  I  R  C  U  D  E  I  I  E  G  E  T
S  Y  L  U  E  S  I  W  S  C  N  Y  J  H
I  Y  L  M  L  E  U  S  T  U  T  U  J  O
T  L  R  V  I  U  M  N  C  C  M  X  M  T
Y  H  D  L  T  M  S  P  Y  H  S  G  W  E
B  O  O  K  S  T  O  R  E  X  O  N  V  L
G  A  L  L  E  R  Y  A  C  L  M  L  I  H
N  Y  R  N  K  G  Z  X  A  M  E  T  A  B
P  C  A  Q  I  M  L  I  Z  A  T  Q  U  I
```

ELIT
RIPAM
LIBRARY
EGET
ATQUI
FLORIST
GALLERY
HOTEL
BOOKSTORE
MUSEUM

STORE
PISTRINUM
AMET
SCHOLA
STADIUM
FORUM
THEATRUM
UNIVERSITY
EXO

27 - Virtù #1

```
C  B  I  N  T  E  L  L  I  G  E  N  S  J
U  E  R  P  X  F  V  D  G  Y  W  C  M  T
R  N  A  Z  J  F  Q  T  M  R  V  Y  M  F
I  E  C  K  H  I  V  E  N  U  S  T  U  S
O  V  U  O  V  C  P  U  U  T  B  E  N  T
S  O  N  Z  Y  I  O  R  K  R  N  V  D  U
U  L  D  W  C  E  R  T  A  S  R  H  U  C
S  E  U  X  Z  N  P  S  Z  C  Q  E  S  E
V  N  S  Z  I  S  N  A  I  N  T  E  I  S
C  S  P  A  O  G  Z  P  M  O  X  I  R  U
L  I  B  E  R  A  L  I  S  V  Q  B  C  Q
V  G  S  P  A  T  I  E  N  S  M  M  V  A
B  O  N  U  M  Z  I  N  P  N  H  A  N  A
X  X  U  M  O  D  E  S  T  U  S  F  C  D
```

VENUSTUS	INTELLIGENS
CERTA	MODESTUS
IRACUNDUS	PATIENS
ARTIS	PRACTICA
BONUM	MUNDUS
CURIOSUS	SAPIENS
EFFICIENS	BENEVOLENS
LIBERALIS	

28 - Compleanno

```
C A L E N D A R R Q H I F I
G C O C F O E E Y A C Z M U
K Q H U D V Q Z I P A R S V
T S Q M A N D G P L N B P E
P E A M E M O R I A T E E N
Q Q M P G V N B M E I A C E
J R I P I V U M A T C T I S
Q H C W U E M V G A U U A M
O N I H D S N W N N M S L A
B W S W D I E T A N F V I S
C A N D E L A S I O C Q S S
I N V I T A R E N A T U S A
O Q Y V O K R K X G O N E E
C E L E B R A T I O G X H B
```

AMICIS
ANNO
CALENDAR
CANDELAS
CANTICUM
CELEBRATIO
BEATUS
LAETA
DIE
IUVENES

MAGNA
INVITARE
NATUS
PARS
DONUM
MEMORIA
SAPIENTIA
SPECIALIS
TEMPUS
MASSAE

29 - Fattoria #1

```
D  B  V  D  G  S  E  V  J  P  O  S  H  V
P  K  Y  V  M  K  Y  K  Y  V  V  E  A  I
A  G  R  I  C  U  L  T  U  R  A  M  G  T
P  U  L  L  U  M  E  L  J  A  O  I  R  U
I  F  E  L  I  S  H  R  B  B  T  N  E  L
S  B  O  S  F  E  C  A  N  I  S  A  G  U
T  E  R  R  A  Q  S  S  Y  O  L  G  E  M
E  L  P  W  D  U  M  I  A  Y  D  R  M  W
R  I  C  E  N  U  T  N  H  I  I  O  T  M
C  C  P  F  M  S  D  U  R  I  T  Y  T  K
O  Q  G  C  C  Y  T  S  N  E  R  S  E  M
R  K  B  X  A  Q  U  A  R  J  B  C  M  Q
A  R  W  Q  J  T  J  Q  R  L  L  W  U  T
T  M  S  L  F  X  W  F  K  J  Z  X  Y  M
```

AQUA	FELIS
AGRICULTURA	GREGEM
APIS	MEL
ASINUS	BOS
AGRO	PULLUM
CANIS	SEPEM
HIRCUM	RICE
EQUUS	SEMINA
STERCORAT	TERRA
HAY	VITULUM

30 - Paesaggi

```
G  V  B  C  Y  F  R  J  T  P  I  U  Y  M
L  O  E  A  M  T  G  M  U  R  A  F  K  J
A  L  A  T  F  U  P  L  N  F  C  L  E  V
C  C  C  A  J  A  Y  S  D  L  K  U  U  O
I  A  H  R  D  W  M  F  R  A  W  M  R  S
E  N  I  A  M  I  P  I  A  C  R  E  L  C
R  O  L  C  O  C  E  A  N  U  M  N  A  O
G  D  L  T  N  E  N  E  M  S  A  E  O  N
Q  E  G  A  T  B  I  A  Q  M  U  U  X  V
S  S  Y  E  E  E  N  M  A  R  E  L  B  A
O  E  C  S  M  R  S  O  A  S  I  S  A  L
G  R  I  N  E  G  U  J  S  R  R  O  F  L
I  T  R  D  L  R  L  N  K  D  H  O  W  I
F  O  C  A  V  E  A  B  I  Z  R  A  S  S
```

CATARACTA	MARE
HILL	MONTEM
DESERTO	OASIS
FLUMEN	OCEANUM
GEYSER	PALUS
GLACIER	PENINSULA
CAVE	BEACH
ICEBERG	TUNDRA
INSULA	CONVALLIS
LACUS	VOLCANO

31 - Ristorante #2

```
A  Q  U  A  O  C  F  T  H  V  Q  B  I  P
F  R  U  C  T  U  S  U  P  C  A  K  Q  I
R  E  C  A  G  S  E  L  R  F  N  V  N  S
O  Q  O  T  U  A  M  E  A  C  S  Q  B  C
G  P  Q  H  U  L  C  G  N  U  A  O  Q  E
F  X  Y  E  K  P  D  U  D  U  R  N  V  S
I  U  B  D  O  I  O  M  I  I  O  F  N  A
G  U  M  R  N  K  U  I  U  J  M  G  S  E
Z  W  I  A  K  M  P  N  M  G  A  S  P  L
P  R  Q  I  S  O  Y  A  T  W  T  B  D  I
Q  B  C  C  D  S  G  U  V  L  A  Y  D  T
D  E  L  E  C  T  A  M  E  N  T  U  M  T
T  M  C  O  C  H  L  E  A  R  I  Y  L  N
P  K  E  X  B  W  I  Z  G  V  J  T  S  Q
```

AQUA
PRANDIUM
COCHLEARI
DELECTAMENTUM
FURCA
FRUCTUS
ICE
SEM

ELIT
PISCES
SAL
CATHEDRA
AROMATA
MASSAE
OVA
LEGUMINA

32 - Giardino

```
H A S A R C U L U M Z A S R
T E E O R C H A R D X R E A
R G R G L H O B I X I B P X
A E Z B H O S A T A F O E S
M T I Q A P E N B L L R M A
P A Z X M C Z C V O O V M X
O D A H M O L O R S I B A
L S N U O R U T R U M T F B
I M I P C R Z D J W C I Y E
N N A X K J T F H R X S F O
E K C C E T W U S F L I Y A
G A R A G E X Y S T U M Y L
L B U S H R E A X B O J A T
E B G V M J C H W C F X V C
```

ARBOR   BANCO
HAMMOCK   SARCULUM
BUSH   SEPEM
HERBA   SAXA
ZIZANIA   EGET
FLOS   SOLO
ORCHARD   XYSTUM
GARAGE   TRAMPOLINE
HORTUS   HOSE
RUTRUM   VITIS

33 - Frutta

```
B  F  H  W  V  P  P  Z  B  K  P  B  C  N
C  R  V  A  A  P  E  U  I  I  R  E  U  E
L  I  S  P  T  I  R  R  R  W  U  R  C  C
E  T  I  A  M  N  S  A  S  I  N  R  U  T
T  Q  F  E  T  E  I  M  V  I  O  Y  M  A
P  Z  S  Q  T  A  M  A  J  O  C  H  I  R
P  I  R  U  M  P  M  N  A  N  C  U  S  I
A  A  D  I  U  P  O  G  O  D  S  A  M  N
P  E  P  E  E  L  N  O  H  M  C  Q  D  E
P  H  P  A  L  E  M  O  N  F  G  W  Z  O
L  G  C  C  Y  R  H  O  N  C  U  S  A  T
E  J  O  A  D  A  F  I  C  U  S  U  M  O
R  U  B  U  S  I  D  A  E  U  S  V  F  D
Z  C  E  R  A  S  U  S  T  D  O  A  V  C
```

PINEAPPLE
RHONCUS
AVOCADO
BERRY
PERSIMMON
CERASUS
FICUS
KIWI
RUBUS IDAEUS
LEMON

MANGO
APPLE
CUCUMIS
ETIAM
NECTARINE
PAPAYA
PIRUM
PERSICUM
PRUNO
UVA

34 - Fattoria #2

```
C H O R R E U M L K O O D J
W I N D M I L L A A R V K H
L I B K L P H U H W C E K P
Y F R U M E N T U M H S Z T
G K S Z M T B J T U A F E R
A N I M A L I A R N R F X I
G O Q V X A Z H A C D R M T
N Z Z P C L V Q C B Y U A I
U R L Y W L Z V T O L C T C
S N G P R A T I O B R T U U
X W H F R M U M R Q X U R M
I R R I G A T I O N E S A V
W A G R I C O L A V T J A G
H O R D E U M A N A T I S T
```

AGNUS
AGRICOLA
ANATIS
ANIMALIA
CIBUM
HORREUM
FRUCTUS
ORCHARD
TRITICUM
IRRIGATIONES

LLAMA
LAC
FRUMENTUM
MATURA
WINDMILL
HORDEUM
OVES
PRATI
TRACTOR

35 - Dinosauri

```
P M G T M I P I O M H S J O
O P C L A L I S N O R Y G M
T R A P G B Y G X G V O C N
E E U R N Q V E L Z E G T I
N H D A A B L A T I O N E V
S I A E E C E B L L Y S S O
W S E G M A M M O T H P V R
A T W R A R D C N E R E I E
R O H E R B I V O R E C T A
A R M S A T F E Q R E I I J
H I X S S O B E J A F E O Z
H C Z U R E P T I L E S S G
V F D S D F V Y U V R C U C
M A G N I T U D I N E W S G
```

ALIS
CAUDA
INGENS
HERBIVORE
PRAEGRESSUS
MAGNA
MAMMOTH
OMNIVORE

POTENS
PREHISTORIC
REPTILE
ABLATIONE
SPECIES
MAGNITUDINE
TERRA
VITIOSUS

36 - Verdure

```
S  F  V  K  C  E  P  A  R  Z  A  X  M  P
P  H  U  D  A  U  C  U  S  G  P  Y  L  E
I  N  A  N  P  Y  C  S  E  M  I  B  Q  T
S  F  L  L  G  N  O  U  I  O  U  R  C  R
U  Q  G  C  L  O  P  N  M  L  M  A  P  O
M  K  E  U  Q  O  R  K  O  I  E  S  T  S
U  J  N  C  A  C  T  U  S  V  S  S  Y  E
K  N  T  A  L  L  I  U  M  A  Z  I  F  L
S  G  E  G  I  N  G  I  B  E  R  C  C  I
P  Q  M  R  A  D  I  C  U  L  A  A  L  N
S  P  I  N  A  C  H  E  C  A  P  M  Y  U
G  V  X  L  D  E  G  G  P  L  A  N  T  M
C  Y  L  C  U  C  U  R  B  I  T  A  I  K
U  C  B  H  G  S  Y  V  A  C  N  N  E  Y
```

ALLIUM	OLIVAE
ALGENTEM	PISUM
CACTUS	PETROSELINUM
DAUCUS	RAPA
BRASSICA	RADICULA
CUCUMIS	SHALLOT
CEPA	APIUM
FUNGORUM	SPINACH
SEM	GINGIBER
EGGPLANT	CUCURBITA

37 - Scuola #2

```
S  L  G  C  O  M  M  E  A  T  U  S  X  C
Z  E  G  R  A  P  H  I  U  M  V  C  O  H
P  C  Y  G  A  L  I  T  T  E  R  I  S  A
U  T  C  E  I  M  Z  T  Y  L  E  E  C  R
R  I  Z  M  D  R  M  K  N  V  F  N  R  T
R  O  I  C  N  U  N  A  C  M  E  T  I  A
M  A  G  I  S  T  E  R  T  J  D  I  P  U
A  C  A  D  E  M  I  C  A  I  U  A  T  A
U  O  L  L  I  B  R  A  R  Y  C  G  U  X
L  G  L  U  U  S  X  D  E  C  A  A  M  I
J  N  P  O  D  Z  A  J  U  R  T  Y  G  C
D  I  C  T  I  O  N  A  R  Y  I  M  W  I
I  T  D  Z  E  R  S  B  D  C  O  D  Y  A
T  A  C  A  L  C  E  A  M  E  N  T  A  G
```

ACADEMICA	LUDOS
COGNITA	GRAMMATICA
LIBRARY	MAGISTER
CHARTA	LITTERIS
EU	LECTIO
DICTIONARY	GRAPHIUM
EDUCATION	CALCEAMENTA
AXICIA	SCIENTIA
COMMEATUS	SCRIPTUM

38 - Gentilezza

```
L  X  I  A  M  I  C  A  B  R  A  S  F  H
V  I  G  N  I  D  P  T  J  E  Q  W  W  W
E  W  B  U  T  C  P  L  T  C  R  F  Q  N
T  P  V  E  C  E  L  J  F  E  E  T  G  K
A  M  E  T  R  X  N  I  P  P  V  R  I  F
Z  F  V  N  S  A  J  D  U  T  E  A  T  D
M  T  M  Z  R  H  L  Y  E  I  R  M  I  A
M  I  T  I  S  A  G  I  C  V  E  R  U  M
B  E  A  T  U  S  H  U  S  A  N  S  S  A
H  O  S  P  I  T  A  L  E  M  T  C  G  R
M  E  O  S  N  E  R  D  H  H  I  N  U  E
B  E  N  E  V  O  L  E  N  S  O  P  G  U
P  A  T  I  E  N  S  I  V  O  R  P  F  J
I  N  T  E  L  L  E  C  T  U  S  I  Q  N
```

CERTA	VERUM
AMICA	AMET
AMARE	HOSPITALEM
INTENDE	PATIENS
INTELLECTUS	RECEPTIVA
MITIS	REVERENTIOR
BEATUS	BENEVOLENS
LIBERALIS	

39 - Barbecue

```
E T O M A T O E S C E P E L
C A M U A S I Z F C I T M A
B E O S H M V L V A F B A A
C S F I W L T P P K M S U S
R T P C P O T E N T I E E M
A A I A P R A N D I U M S P
T T P J F R U C T U S K U J
I E E U I M T P U K H L J L
C C R G L K H A I Y P U W U
U F A M I L I A E H T D C W
L C A L I D U M S A L O V K
A E F Y A U A M I C I S J P
M C O N D I M E N T U M W U
E S L E G U M I N A I M N G
```

AMICIS
FILII
CALIDUM
PRANDIUM
CIBUM
CEPE
AESTATE
FAMES
FAMILIA
FRUCTUS

LUDOS
CRATICULAM
POTENTI
MUSICA
PIPER
PULLUM
TOMATOES
SAL
CONDIMENTUM
LEGUMINA

40 - Riempire

```
L F M N F R V I D U L U S P
A F A Q Q D A V J T J Q I E
B U Y S J O S A C R W J T R
R T W U C L A S I E Y H U S
U E X U A I D E N M K H L C
M M M G N U C K V K Y X A R
T K M I I M G U O V W F F I
J U P T S G X B L J T O V P
S Y E W T C C X U U R L C T
R I P P R I F R C Z S D L O
F R N T U B E B R X J E E R
B Z G U M H L Z U U C R K E
A K U U W Q G F M A G G Y M
G D N N E B K R I L W U I L
```

LABRUM
DOLIUM
BAG
UTREM
INVOLUCRUM
FOLDER
PERSCRIPTOREM
CANISTRUM

VAS
FASCICULUS
SITULA
SINU
TUBE
VIDULUS
VASE

41 - Insetti

```
A  P  H  I  D  O  K  U  F  W  A  S  P  C
S  N  S  K  U  X  V  T  H  H  P  J  A  I
L  A  D  Y  B  U  G  E  D  A  I  X  P  C
B  L  A  T  T  A  M  R  R  T  S  P  C  A
M  A  N  T  I  S  B  M  A  M  I  K  U  D
N  U  C  A  B  Q  E  I  G  R  I  N  L  A
P  K  R  V  E  K  E  T  O  V  B  S  E  J
A  A  K  G  E  I  T  E  N  Z  L  Z  X  A
J  H  P  R  Z  I  L  S  F  Q  P  F  H  T
O  I  T  I  Z  I  E  K  L  Q  I  W  X  W
W  I  I  L  L  X  Q  Z  Y  A  M  U  N  P
M  N  G  L  A  I  G  C  K  U  P  T  N  R
R  U  P  U  N  L  O  C  U  S  T  A  K  Y
Y  A  G  S  T  U  T  E  R  U  S  Z  C  U
```

APHID	UTERUS
APIS	DRAGONFLY
GRILLUS	LOCUSTA
CICADA	MANTIS
LADYBUG	BLATTAM
BEETLE	TERMITE
TINEA	VERMIS
PAPILIO	WASP
ANT	CULEX

42 - Erboristeria

```
S Z G W O N F P E E J C A A
H Q N A L C X L Z I G R L N
O R I G A N U M O V Y O L E
R O R I G A N I C S P C I T
T C E C G I Q F M A L U U H
U W W H Q T I A M B S S M U
S F S T U A D E P A Y I D M
R O S M A R I N U S R P A E
G M F J L R V I R I D I S T
M I E Y I A T C T L Q W R H
Y D R F T G C U L I N A R Y
M I N T A O W L C U Y B W M
Y Y R G S N J I G S C X E U
R P E T R O S E L I N U M M
```

ALLIUM
ANETHUM
BASILIUS
CULINARY
TARRAGON
FAENICULI
FLOS
HORTUS
CASIA

ORIGANI
MINT
ORIGANUM
PETROSELINUM
QUALITAS
ROSMARINUS
THYMUM
VIRIDIS
CROCUS

43 - Danza

```
E   R   E   C   E   N   S   E   N   D   U   M   N   W
X   C   V   X   Z   T   H   I   K   U   D   E   C   V
P   U   K   C   O   R   P   U   S   C   M   S   H   U
R   L   B   L   G   T   J   J   J   U   O   E   O   G
E   T   A   A   O   R   V   X   R   L   T   T   R   S
S   U   C   S   F   L   A   Q   T   T   U   V   E   O
S   R   A   S   D   F   A   T   V   U   S   I   O   C
I   A   D   I   V   C   E   O   I   R   V   S   G   I
V   M   E   C   F   F   Q   C   K   A   R   U   R   U
U   T   M   A   C   T   C   Z   T   E   I   A   A   M
M   Y   I   L   A   E   T   A   I   U   L   L   P   N
S   T   A   T   U   R   A   M   D   B   S   F   H   S
D   G   E   T   R   A   D   I   T   U   M   Q   Y   G
P   R   Z   Y   T   M   U   S   I   C   A   W   Y   G
```

ACADEMIAE
ES
CLASSICAL
SOCIUM
CHOREOGRAPHY
CORPUS
CULTURA
CULTURAE
AFFECTUS
EXPRESSIVUM

LAETA
GRATIA
MOTUS
MUSICA
STATURAM
RECENSENDUM
NUMERO
TRADITUM
VISUAL

44 - Scuola #1

```
N C H A R T A E F M D P N Q
V U N T L L K M L V X M Y L
E G M R U S I D I I A X Y P
N R A E E B L H D C T V A W
A A G S R D D X Q E I H L I
L P I P A I L R C Q C S P D
I H S O J S L F A T A T H V
C I T N F C V O L U T P A T
I U E D H E X L A Z H G B C
U M R E R R M D M C E U E A
M O K T N E W E I P D G T E
L I B R A R Y R T Y R C I C
H O H W J J U S Y G A H R T
U A B Q P R A N D I U M M U
```

ALPHABETI
AMICIS
ELIT
LIBRARY
CHARTA
FOLDERS
VOLUTPAT
MAGISTER

VENALICIUM
GRAPHIUM
NUMERI
CALAMI
DISCERE
PRANDIUM
RESPONDET
CATHEDRA

45 - Fiori

```
S  T  D  P  Y  C  M  A  G  N  O  L  I  A
F  A  P  E  T  A  L  O  R  U  M  R  E  N
X  R  N  H  N  S  Y  O  T  U  Q  A  V  X
P  A  B  E  A  I  S  O  R  C  G  H  B  A
A  X  R  L  R  A  F  N  F  C  V  I  Q  G
P  A  O  I  C  Z  G  C  S  L  H  B  U  A
A  C  D  A  I  S  Y  L  F  F  O  I  A  R
V  U  M  N  S  K  M  I  C  R  U  S  D  D
E  M  H  T  S  L  B  L  O  D  Y  C  W  E
R  B  G  H  U  J  M  I  G  X  P  O  V  N
A  F  V  U  S  P  L  U  M  E  R  I  A  I
V  R  O  S  A  K  H  M  E  C  L  S  O  A
P  A  S  S  I  O  N  F  L  O  W  E  R  J
X  M  A  E  N  E  A  N  T  U  L  I  P  A
```

TARAXACUM	FLOS
GARDENIA	NARCISSUS
AENEAN	ORCHID
LILIUM	PAPAVER
HELIANTHUS	PASSIONFLOWER
HIBISCO	PETALORUM
CASIA	PLUMERIA
MAGNOLIA	ROSA
DAISY	TULIPA

46 - Ecologia

```
O  N  A  T  U  R  A  L  I  S  M  C  P  P
U  P  I  D  T  Y  W  K  R  F  L  O  R  A
I  H  E  V  I  R  E  N  T  I  A  M  B  L
W  R  M  S  H  C  C  J  Y  Z  E  M  X  U
U  V  V  N  J  N  A  M  V  O  S  U  D  D
Z  F  H  A  X  W  E  M  A  R  I  N  E  E
M  O  N  T  E  S  L  N  R  P  C  I  S  M
S  C  F  U  Y  F  I  A  I  L  C  T  P  V
V  A  K  R  L  L  Q  C  E  A  I  A  E  G
M  F  L  A  C  L  T  X  T  N  T  T  C  N
A  B  Z  U  H  Y  A  S  A  T  A  E  I  P
G  H  Q  I  T  K  L  M  T  I  T  S  E  O
L  W  N  S  W  E  C  Z  E  S  E  K  S  I
J  M  W  X  X  A  M  H  A  B  I  T  A  T
```

CAELI	PLANTIS
COMMUNITATES	OPES
FLORA	SICCITATE
HABITAT	SALUTEM
MARINE	NULLAM
MONTES	SPECIES
NATURA	VARIETATE
NATURALIS	VIRENTIA
PALUDEM	

47 - Discipline Scientifiche

```
P  I  M  M  U  N  O  L  O  G  Y  A  A  G
N  H  G  V  F  P  N  N  A  N  B  N  S  R
L  N  Y  T  Y  X  E  E  M  J  O  T  T  A
A  U  M  S  A  D  D  U  I  S  T  I  R  M
N  T  E  C  I  O  E  R  V  L  A  Q  O  M
A  R  T  H  O  O  R  O  Y  N  N  U  N  A
T  I  E  E  E  C  L  L  X  F  I  I  O  T
O  T  O  M  C  X  A  O  F  H  C  T  M  I
M  I  R  I  O  P  N  G  G  C  A  A  I  C
I  O  O  A  L  C  D  Y  M  Y  M  T  A  A
A  N  L  S  O  C  I  O  L  O  G  I  A  E
S  E  O  F  G  K  C  T  K  L  S  S  N  P
J  M  G  B  I  H  A  B  I  O  L  O  G  Y
V  B  Y  K  A  M  E  C  H  A  N  I  C  A
```

ANATOMIA	IMMUNOLOGY
ANTIQUITATIS	GRAMMATICA
ASTRONOMIA	MECHANICA
BIOLOGY	METEOROLOGY
BOTANICAM	NEUROLOGY
CHEMIA	NUTRITIONEM
OECOLOGIA	DUIS
PHYSIOLOGY	SOCIOLOGIAE
NEDERLANDICAE	

48 - Scienza

```
U G P L A N T I S E F P P M
T C A N A T U R A S O H R I
J G R A V I T A T I S Y A N
X Y T N F E E K B V S S E E
E O I W E A G X M N I I G R
J I C A E L I E W X L C R A
H N U L L A I R T M E A E L
D G L D K Z R X I D O K S I
T S I G M M D W Z W H D S B
O B S E R V A T I O N E U U
V O A L U K T B Y W M K S S
H N E T M G A T K S L J O E
N W D M O S C I E N T I S T
V Y G B C M O L E C U L I S
```

ATOM
EGET
CAELI
DATA
PRAEGRESSUS
EO
PHYSICA
FOSSILE
GRAVITATIS
RUM

NULLA
MODUS
MINERALIBUS
MOLECULIS
NATURA
OBSERVATIONE
PARTICULIS
PLANTIS
SCIENTIST

49 - Acqua

```
V I N L K Q U V D B M O V D
U A Q M N J N P J S Z Q L Q
G L P P I M B E R F H N D C
P E D O R X R T P L U V I A
Z I L N R O D B A U M H D N
D C F U Q C C S M I U I A
R E L Q K E S E I E D M L L
I E U O O A Q H L N I I U I
N T C H G N I X S L T D V S
K E T V E U O Z W N A O I D
A S U E Y M A O L Z S E U R
B I S F S L A C U S N H M H
L A U L E V A P O R A T I O
E F I R R I G A T I O N E S
```

DILUVIUM
CANALIS
IMBER
EVAPORATIO
FLUMEN
GELU
GEYSER
ICE
IRRIGATIONES
LACUS

ETESIA
NIX
OCEANUM
FLUCTUS
PLUVIA
DRINKABLE
HUMIDITAS
HUMIDO
PROCELLAE
VAPOR

50 - Surf

```
U  N  D  A  O  S  F  E  S  S  T  Y  L  E
F  O  E  A  F  T  O  K  Y  U  P  F  P  B
V  N  B  T  W  O  R  N  S  O  S  U  M  C
S  A  Z  H  Q  M  T  U  R  B  A  S  M  Q
O  C  S  L  H  A  I  E  X  T  R  E  M  A
I  C  V  E  A  C  T  I  U  B  E  A  C  H
T  N  E  T  Q  H  U  X  Z  R  E  M  U  S
W  W  C  A  Q  U  D  E  P  G  F  X  H  Q
X  Z  H  E  N  M  O  M  Q  C  U  F  R  A
F  O  P  O  P  U  L  A  R  I  S  G  T  G
Q  A  I  U  G  T  M  S  L  C  O  N  R  S
P  A  P  K  R  P  O  A  W  C  X  C  Z  Z
V  V  T  E  M  P  E  S  T  A  S  J  V  Z
F  O  R  T  I  S  S  I  M  U  S  X  M  J
```

ATHLETA	REMUS
FORTISSIMUS	POPULARIS
EXTREMA	INCEPTOS
TURBAS	SPUMA
FORTITUDO	REEF
TEMPESTAS	BEACH
OCEANUM	STYLE
UNDA	STOMACHUM

51 - Imbarcazioni

```
S  N  N  P  A  R  E  L  Z  N  C  C  N  Q
S  U  X  O  L  A  C  U  S  Z  D  A  A  E
M  E  S  R  G  O  Z  R  D  K  G  N  U  N
R  A  Q  T  L  M  I  Z  T  J  R  T  T  G
K  S  Y  T  I  F  U  N  E  M  E  A  I  I
J  Y  E  I  N  N  L  C  O  E  G  V  C  N
F  O  V  T  T  A  E  U  W  H  E  I  I  E
L  K  S  O  E  V  A  O  M  K  M  T  S  Q
U  R  A  R  R  I  W  C  P  E  M  A  R  E
C  A  E  Y  F  S  L  E  P  D  N  N  N  S
T  T  S  X  A  O  Y  A  C  H  T  C  Z  P
U  I  T  W  I  K  A  N  L  O  C  H  A  Y
S  S  U  I  V  N  A  U  T  A  C  O  R  N
F  F  S  G  K  O  C  M  Z  T  V  R  O  U
```

ANCHOR	MARE
NAVIS	AESTUS
SUSTINEO	NAUTA
LINTER	ENGINE
FUNEM	NAUTICIS
GREGEM	OCEANUM
CANTAVIT	FLUCTUS
FLUMEN	PORTTITOR
KAYAK	YACHT
LACUS	RATIS

52 - Api

```
E  S  V  V  E  B  G  P  G  K  R  T  P  X
M  C  E  R  A  G  E  F  N  N  Y  S  Z  A
I  W  O  N  A  L  I  S  U  W  K  K  C  L
S  D  E  S  B  P  V  P  K  H  B  F  F  V
C  F  Q  A  Y  J  H  O  R  T  U  S  Z  E
E  S  O  L  U  S  P  L  A  N  T  I  S  O
N  F  U  M  U  S  T  L  V  Y  H  I  H  B
T  L  R  F  D  I  V  E  R  S  I  T  A  S
U  O  E  U  L  W  T  N  M  T  N  H  B  C
R  R  G  T  C  O  O  M  E  L  S  R  I  I
S  E  I  I  M  T  R  T  L  W  E  U  T  B
C  B  N  L  L  U  U  E  G  J  C  I  A  U
I  I  A  E  G  A  D  S  S  G  T  S  T  M
S  T  I  Z  Y  X  C  O  P  E  K  S  K  T
```

ALIS	FUMUS
ALVEO	HORTUS
UTILE	HABITAT
CERA	INSECT
CIBUM	MEL
DIVERSITAS	PLANTIS
ECOSYSTEM	POLLEN
FLORES	REGINA
FLOREBIT	MISCENTUR
FRUCTUS	SOL

53 - Conservazione

```
C U R A E A U R O H O S R M
F J X T C Q S Y C C R A E U
J E B D O U U P G V G L D T
W D G Q S A R E C P A U U A
J U O A Y C R S L K N T C T
C C I S S Y K T U G I E E I
H A B I T A T I P S C M R O
G T E N E B Q C P A C V E N
J I G L M D F I I L U I N E
K O R S I Y Z D U I N R B S
E N R X X P F E D Q B I J O
R P O L L U T I O U I D A J
N U L L A M O W R A C I K S
N A T U R A L I S M Y S L M
```

AQUA
ALIQUAM
MUTATIONES
CURSUS
CAELI
ECOSYSTEM
EDUCATION
HABITAT
POLLUTIO

NATURALIS
ORGANIC
PESTICIDE
CURA
REDUCERE
SALUTEM
NULLAM
VIRIDIS

54 - Strumenti Musicali

```
R  D  Q  O  T  M  P  D  M  M  C  S  C  P
T  I  B  I  A  E  L  I  Q  Q  E  G  I  E
D  F  X  U  C  Q  E  Y  A  F  L  G  T  R
I  D  L  S  G  O  N  G  P  N  L  S  H  C
H  A  R  M  O  N  I  C  A  V  O  B  A  U
T  R  O  M  B  O  N  E  C  J  S  A  R  S
S  A  X  O  P  H  O  N  E  A  O  S  A  S
H  K  L  O  Y  V  I  T  A  E  N  S  J  U
Y  C  T  D  Q  M  S  I  T  Q  A  O  O  S
M  F  K  L  R  T  H  B  V  K  T  O  H  O
Y  J  F  M  Q  U  L  I  M  B  A  N  J  O
V  R  Z  R  K  B  M  A  N  D  O  L  I  N
J  K  O  V  F  A  T  Y  M  P  A  N  U  M
L  Y  B  E  S  P  M  F  F  H  D  X  Z  W
```

HARMONICA	SONATA
BANJO	PERCUSSUS
PLENI	PIANO
CITHARA	SAXOPHONE
TIBIAE	TYMPANUM
BASSOON	TUBA
TIBIA	TROMBONE
GONG	VITAE
MANDOLIN	CELLO

55 - Professioni #2

```
I  N  V  E  N  T  O  R  F  Y  M  U  C  L
M  N  I  N  Q  U  I  S  I  T  O  R  C  L
Z  A  Q  D  E  N  T  I  S  T  U  A  M  G
P  X  G  U  D  O  A  G  R  I  C  O  L  A
R  H  F  I  I  W  I  S  I  X  T  M  H  B
A  L  I  S  S  S  Q  L  M  S  E  E  O  I
O  Q  T  L  W  T  I  T  G  B  N  D  R  O
P  L  M  H  O  E  E  T  K  U  G  I  T  L
B  C  C  V  E  S  F  R  O  S  I  C  U  O
P  I  C  T  O  R  O  V  Q  R  N  U  L  G
P  R  E  T  I  U  M  P  N  U  E  S  A  I
L  I  N  G  U  I  S  T  H  P  E  M  N  S
Z  O  O  L  O  G  I  S  T  U  R  O  U  T
A  S  T  R  O  N  A  U  T  J  S  P  S  Q
```

AGRICOLA
ASTRONAUT
BIOLOGIST
DENTIST
INQUISITOR
PHILOSOPHUS
PRETIUM
HORTULANUS
WISI

ENGINEER
MAGISTER
INVENTOR
LINGUIST
MEDICUS
PICTOR
INQUISITOREM
ZOOLOGIST

56 - Letteratura

```
D E S C R I P T I O N K B X
J R C O M P A R A T I O N E
M M J B T N O V E R Q B S D
C A R M E N L E A A P E G J
J S M X M G K C T U E T U I
L I O V I M A O D I C A N X
D M C I B Q K N A Y C T N C
N I F T J B J C A P C A O M
U L A A A N A L Y S I S B R
M I B L A R G U M E N T U M
E T E M O A E S T Y L E U K
R U L Q C G N I X R Z W P G
O D L F D Q U O A T D P I O
Q O A X U O S S G H E G T X
```

ANALYSIS	DIALOGUS
SIMILITUDO	GENUS
FABELLA	CARMEN
AUCTOR	POETICA
VITA	NUMERO
CONCLUSIO	NOVE
COMPARATIONE	STYLE
DESCRIPTION	ARGUMENTUM

57 - Cibo #2

```
A  D  D  C  A  S  E  U  S  T  F  F  A  V
A  P  J  Y  E  E  W  M  M  C  Z  U  L  W
S  I  P  T  P  R  I  C  C  H  V  N  G  S
P  S  M  L  W  A  A  G  O  G  C  G  E  C
A  C  T  M  E  H  N  S  V  Z  F  O  N  E
R  E  Q  M  C  O  T  E  U  V  A  R  T  L
A  S  Q  C  R  B  R  H  M  S  X  U  E  E
G  C  Q  Z  M  G  I  A  P  I  U  M  M  R
U  Y  O  G  U  R  T  M  N  D  J  X  R  I
S  Y  T  R  S  K  I  W  I  M  Q  G  W  S
P  B  D  P  U  E  C  I  R  V  A  A  X  Q
R  A  C  A  C  T  U  S  I  J  L  L  N  U
P  U  L  L  U  M  M  W  C  N  G  A  S  E
E  G  G  P  L  A  N  T  E  P  R  D  O  T
```

ASPARAGUS	EGGPLANT
ALGENTEM	PANEM
CACTUS	PISCES
CERASUS	PULLUM
SCELERISQUE	HAM
CASEUS	RICE
FUNGORUM	APIUM
TRITICUM	OVUM
KIWI	UVA
APPLE	YOGURT

58 - Nutrizione

```
Z  A  E  P  J  X  V  X  Q  I  L  C  C  C
U  P  G  D  P  G  B  O  U  J  I  O  O  A
F  P  C  W  U  L  D  R  A  B  B  N  N  R
S  E  K  H  H  L  S  J  L  L  R  C  D  B
A  T  R  N  C  A  I  B  I  I  A  O  I  O
L  I  A  M  A  R  A  S  T  Q  T  C  M  H
U  T  S  X  E  R  X  C  A  U  U  T  E  Y
T  U  U  M  L  N  L  I  S  O  M  I  N  D
E  S  D  V  B  Z  T  B  K  R  U  O  T  R
M  E  B  I  A  S  O  U  N  E  J  N  U  A
I  R  L  U  E  A  X  S  M  S  L  E  M  T
P  V  S  T  D  T  I  C  K  Y  L  M  B  E
P  O  N  D  U  S  N  S  A  N  U  S  T  S
B  N  B  M  Z  A  R  O  M  A  T  A  Q  P
```

AMARA	CIBUS
APPETITUS	PONDUS
LIBRATUM	SERVO
CARBOHYDRATES	QUALITAS
EDULIS	CONDIMENTUM
DIET	SALUTEM
CONCOCTIONEM	SANUS
FERMENTUM	AROMATA
LIQUORES	TOXIN

59 - Matematica

```
A  G  I  I  H  P  Z  M  S  U  M  M  A  J
R  R  E  P  D  W  V  W  P  V  P  F  J  N
A  D  I  O  G  M  O  W  H  B  O  G  W  N
D  I  L  T  M  P  A  R  A  L  L  E  L  A
I  V  O  C  H  E  L  B  E  K  Y  X  R  D
U  I  Z  R  F  M  T  C  R  P  G  P  G  E
S  S  D  I  A  M  E  R  A  B  O  O  D  C
A  I  C  F  R  A  C  T  I  O  N  N  K  I
J  O  G  A  N  G  U  L  I  A  U  E  A  M
P  E  R  I  M  E  T  E  R  C  M  N  J  A
Q  U  A  D  R  A  T  U  M  S  A  T  I  L
F  J  R  E  C  T  A  N  G  U  L  U  M  E
N  U  M  E  R  I  X  L  K  N  N  P  O  S
C  S  F  E  D  P  R  A  E  D  I  T  I  S
```

ANGULI	PARALLELA
ARITHMETICA	PERIMETER
DECIMALES	POLYGONUM
DIAM	QUADRATUM
DIVISIO	RADIUS
EXPONENT	RECTANGULUM
FRACTIO	SPHAERA
GEOMETRIA	PRAEDITIS
NUMERI	SUMMA

60 - Vacanza #1

```
V B M O N E T Æ C U K D E C
I U G I H C R L A M V I X O
V B R R J O A S R B I S P N
A A X V T N M U I R D C E S
M Y S G R S P O Z E U E D E
U A L I Q U A M X L L S I Q
S I A V E E Y X O L U S T U
R T E G E T F A L A S U I A
N Y J C M U S E U M G M O T
F O B X Y D I G E E P T N L
L A C U S I G E E L T Y E M
C A I T I N E R A R I U M X
Q M U O L E V I A T O R J W
S E V T M S Z M A N T I C A
```

VIVAMUS
CAR
ALIQUAM
CONSUETUDINES
ITINERARIUM
LACUS
MUSEUM
UMBRELLA

DISCESSUM
CONSEQUAT
EXPEDITIONE
TRAM
VIATOR
VIDULUS
MONETÆ
MANTICA

61 - Meditazione

```
M  I  S  E  R  I  C  O  R  D  I  A  A  C
O  P  A  M  Q  C  H  W  K  W  X  B  C  O
T  R  O  D  V  P  T  H  Q  Y  I  G  C  G
U  O  B  S  E  R  V  A  T  I  O  N  E  I
S  S  N  F  S  I  G  R  A  T  I  A  P  T
M  P  O  A  P  T  B  P  K  Q  D  P  T  A
U  E  P  A  T  C  A  N  L  O  H  A  I  T
S  C  E  F  I  U  L  T  J  X  Y  C  O  I
I  T  R  F  C  C  R  A  U  O  H  E  B  O
C  U  A  E  H  W  Y  A  R  R  U  M  V  N
A  M  M  C  N  O  C  X  X  I  A  C  A  E
M  E  N  T  I  S  T  Y  Y  F  T  M  W  S
D  N  F  U  S  P  I  R  A  N  S  A  R  T
P  S  P  S  G  B  H  X  Q  S  N  V  S  B
```

ACCEPTIO
OPERAM
CLARITAS
MISERICORDIA
AFFECTUS
GRATIA
MENTIS
MENS
MOTUS

MUSICA
NATURA
OBSERVATIONE
PACEM
COGITATIONES
STATURAM
PROSPECTUM
SPIRANS

62 - Estate

```
M  M  E  M  O  R  I  A  Y  E  Y  D  S  B
U  B  D  D  Y  T  G  H  H  T  T  J  J  R
S  G  E  Z  O  Z  L  P  M  A  R  E  A  T
I  U  C  A  U  M  C  A  S  T  R  A  Q  R
C  Y  T  E  C  G  U  M  D  Z  B  O  T  A
A  E  V  C  K  H  A  M  I  W  R  T  S  V
F  A  M  I  L  I  A  U  E  N  N  I  A  E
W  V  E  B  U  S  S  M  D  D  K  U  N  L
M  S  S  U  D  I  W  M  L  I  H  M  D  P
Q  A  V  M  O  D  F  X  R  Y  U  U  A  M
A  D  S  G  S  E  H  C  Q  Z  I  M  L  K
P  N  I  P  P  R  A  M  I  C  I  S  I  D
V  Z  M  X  F  A  H  O  R  T  U  S  A  Q
C  R  I  C  O  N  S  E  Q  U  A  T  H  W
```

AMICIS	MUSICA
CASTRA	MEMORIA
DOMUM	CONSEQUAT
CIBUM	SANDALIA
FAMILIA	BEACH
HORTUS	SIDERA
LUDOS	OTIUM
GAUDIUM	TRAVEL
MARE	

63 - Escursionismo

```
T  M  N  M  C  W  A  C  U  B  T  P  D  P
E  J  A  W  O  S  G  U  L  I  A  T  Y  R
M  L  F  P  O  N  H  L  V  N  B  O  X  A
P  A  R  C  I  S  T  M  A  F  E  R  A  E
E  P  E  X  S  O  F  E  U  Z  R  I  T  P
S  I  I  I  D  L  L  N  M  Q  N  E  V  A
T  D  A  N  I  M  A  L  I  A  U  N  B  R
A  E  O  F  V  C  D  E  S  Q  S  T  C  A
S  S  H  U  I  G  C  L  T  F  A  A  N  T
W  K  C  G  R  R  A  A  W  C  G  T  A  I
B  X  C  C  Z  N  E  A  S  N  O  I  T  O
L  A  S  S  U  S  L  Q  K  T  M  O  U  X
G  R  A  V  I  S  I  U  G  F  R  N  R  H
D  U  C  E  S  X  K  A  Q  B  E  A  A  M
```

AQUA	PARCIS
ANIMALIA	GRAVIS
CASTRA	LAPIDES
CAELI	PRAEPARATIO
DUCES	FERA
MAP	SOL
TEMPESTAS	LASSUS
MONTEM	TABERNUS
NATURA	CULMEN
ORIENTATION	

64 - Professioni #1

```
R  V  C  M  U  P  S  A  L  T  A  T  O  R
A  E  N  U  T  R  I  X  X  Z  Y  Z  L  Q
E  P  M  S  G  J  C  V  E  N  A  T  O  R
D  L  I  I  E  E  A  R  T  I  F  E  X  B
A  U  G  C  O  W  R  C  P  U  A  D  L  K
T  M  T  U  L  E  T  G  B  G  R  I  P  L
T  B  H  S  O  L  O  D  V  B  J  T  B  F
O  A  E  V  G  E  G  A  S  H  M  O  C  O
R  R  X  C  I  R  R  G  K  M  F  R  I  P
N  I  D  S  S  V  A  L  E  G  A  T  U  S
A  U  Y  H  T  Q  P  R  W  O  C  X  Z  R
T  S  P  S  Y  C  H  O  L  O  G  I  S  T
U  R  L  S  C  I  E  N  T  I  S  T  O  I
M  P  J  A  S  T  R  O  L  O  G  U  S  U
```

RAEDA
LEGATUS
ARTIFEX
ASTROLOGUS
ATTORNATUM
SALTATOR
REMI
VENATOR
CARTOGRAPHER

EDITOR
GEOLOGIST
JEWELER
PLUMBARIUS
NUTRIX
MUSICUS
THE
PSYCHOLOGIST
SCIENTIST

65 - Antartide

```
C O N T I N E N S S E Y T R
C E T E S J E I Q C N F M E
G A V E J E P C B I V J I N
Z E S Z Z V S E A E I D N O
B B O R S I K N U N R U E S
Z X K G K U B T V T O B R F
Y C U A R O C K Y I N F A D
J L B Y N A Q U A F M C L Y
T O R T O R P N O I E E I I
W T T X P V H H U C N F B A
M I G R A T I O I B T P U Y
K M D P I N S U L A E R S G
E X P E D I T I O N E S P S
K T L Q N S P E C I E S K L
```

AQUA
ENVIRONMENT
BAY
CETE
CONTINENS
GEOGRAPHIA
ICE
INSULAE

MIGRATIO
MINERALIBUS
NUBES
ROCKY
SCIENTIFIC
SPECIES
EXPEDITIONE
TORTOR

66 - Libri

```
Q T F G J F P E N J N S V L
H G S J N C A S U S S E W D
R I X X O K G B L P C R R U
C I S G V P E P U M U I I A
O C J T E V U P W L U E N L
N H U M O R I B U S A S G I
T S A R V R P E R T I N E T
E C V L Q L I Z P V A J N A
X R W E S T O C J O O A I T
T I G C R U L F A Y U W O E
G P N T Y B A U C T O R S M
B T M O T R A G I C I R U H
F U L R X C A R M I N A S N
G M C O L L E C T I O X X R
```

AUCTOR
CASUS
MORIBUS
COLLECTIO
CONTEXT
DUALITATEM
INGENIOSUS
LECTOR
PAGE

VERBA
CARMINA
PERTINET
NOVE
SCRIPTUM
SERIES
FABULA
HISTORICA
TRAGICI

67 - Geografia

```
A  Q  A  H  X  W  M  A  P  Z  R  J  L  L
R  E  G  I  O  N  E  U  R  B  E  M  O  A
P  K  L  D  S  A  B  S  N  U  E  S  N  T
M  E  R  I  D  I  E  M  T  D  M  T  G  I
I  F  Y  L  B  G  M  E  L  O  I  J  I  T
C  N  R  I  Z  E  X  R  D  I  O  Q  T  U
O  B  S  P  A  T  R  I  A  C  K  N  U  D
N  D  A  U  F  R  Z  D  L  P  R  O  D  O
T  W  A  T  L  A  S  I  T  B  K  R  I  V
I  O  E  W  U  A  Z  A  I  T  H  T  N  L
N  J  H  V  M  M  O  N  T  E  M  H  I  T
E  Z  R  P  E  L  R  U  U  H  U  K  S  E
N  K  H  E  N  U  L  S  D  J  A  X  C  T
S  M  N  R  G  Z  V  M  O  M  A  R  E  X
```

ALTITUDO	MARE
ATLAS	MERIDIANUS
URBEM	MUNDI
CONTINENS	MONTEM
FLUMEN	NORTH
INSULA	WEST
LATITUDO	PATRIA
LONGITUDINIS	REGIONE
MAP	MERIDIEM

68 - Cibo #1

```
H D F W E Q N H N D K C C J
B L R W R F R K R A F E C X
X E A V O C A D O U S U A A
E M G C S F L F H C S A L D
I O U I U P L P T U N A V S
H N M B G V I Z G S E B A E
R O E U A S U R F I V A C M
X P R M R W M Q U O S S L A
M N A D X O I S M M U I N S
C E P A E M I N T C C L X S
R K A L G U N D O L U I A A
W X T Q D W M C F Z S U S E
F J S P I N A C H T L S R X
T Y U J M Z K O D W S J C K
```

ALLIUM
AVOCADO
BASILIUS
CIBUM
DAUCUS
CEPA
FRAGUM
SEM
LAC
LEMON

MINT
HORDEUM
PIRUM
RAPA
SAL
SPINACH
SUCUS
TUNA
MASSAE
SUGAR

69 - Aeroplani

```
E  B  A  C  T  X  A  J  X  P  B  E  A  N
U  O  A  R  A  R  F  O  L  Y  E  N  L  A
Z  O  V  L  S  S  A  E  R  I  S  G  T  V
A  P  E  F  L  V  U  N  Q  C  C  I  I  I
A  E  R  J  V  O  H  S  S  A  A  N  T  G
X  Y  S  W  A  Q  O  J  X  E  Q  E  U  A
K  R  U  G  P  Q  G  N  R  L  U  F  D  R
H  I  S  T  O  R  I  A  Z  U  N  N  O  E
H  N  I  C  R  P  R  Y  X  M  G  R  T  I
C  O  N  S  T  R  U  C  T  I  O  N  E  E
W  K  L  Y  U  D  E  S  C  E  N  S  U  S
M  N  A  G  M  C  O  N  S  I  L  I  U  M
C  O  N  S  E  C  T  E  T  U  E  R  F  H
G  U  B  E  R  N  A  T  O  R  H  N  A  H
```

ALTITUDO	VERSUS
AER	DESCENSUS
AERIS	CONSECTETUER
PORTUM	ENGINE
CASUS	NAVIGARE
ESCA	BALLOON
CAELUM	TRANSEUNTE
CONSTRUCTIONE	GUBERNATOR
CONSILIUM	HISTORIA

70 - Pirati

```
H I S P U O B C L E G E N D
V E X I L L U M A G B P Q U
G L A D I U M T C P H M O W
P C M I J A U R U M T R U M
S I A J N F T N C A V A P S
I C P M D A S O Q L Z K I I
T A I Q P E R I C U L U M N
T T N F R D E C I M A X S E
A R S C Q B L A O J I B C C
C I U A H Z Z S K I A L T T
U X L V H O P U S M N M W Q
S R A E W M R S H Q A S S E
C A N T A V I T B E A C H K
C T H E S A U R U S S P N V
```

ANCHOR
CASUS
VEXILLUM
DECIMA
CAPTAIN
MALUM
CICATRIX
CANTAVIT
CAVE
INSULA

LEGEND
MAP
COINS
AURUM
PSITTACUS
PERICULUM
RUM
GLADIUM
BEACH
THESAURUS

71 - Colori

```
B D N B E I G E M N G S F X
P L P I N K G N Y E M B G R
M Q H B G P U R P U R E O U
K Z F A T R C I G J Z J F D
F L A V U M U A O V B L U E
U N L P J S T M E A V A B C
C N B R O W N P U R P U R A
H D U V I R I D I S U K F X
S F S G C X Z C B H X L O B
I K W N R G P R E D C B U O
A T S Q U E P R H O N C U S
M Q F K S X Y G P U X C O X
C D T Y Z B V U H T R N R A
V M D G C E D H L R I S A G
```

RHONCUS   GREY
CAERULUS   BROWN
BEIGE   NIGRUM
ALBUS   PINK
BLUE   RED
PURPUREO   VIRIDIS
FUCHSIA   PURPURA
FLAVUM

72 - Spiaggia

```
O  I  U  V  C  T  F  W  S  J  C  B  N  G
U  K  U  O  S  A  N  D  A  L  I  A  A  R
H  W  M  A  R  E  N  N  E  Z  I  E  V  E
B  A  B  L  U  E  A  C  T  B  N  P  I  G
X  O  R  A  B  I  V  C  E  K  S  V  S  E
M  R  E  E  F  A  I  M  F  R  U  L  N  M
D  O  L  I  N  T  E  U  M  X  L  V  E  T
C  C  L  Z  G  A  X  V  B  H  A  Z  E  H
O  E  A  L  A  C  U  N  A  T  T  A  H  H
G  A  V  W  X  E  D  P  C  M  V  M  X
N  N  K  K  S  O  L  R  V  I  I  Q  I
Z  U  V  C  L  S  S  W  L  X  J  W  W  T
B  M  N  E  B  H  T  B  L  T  T  S  Y  X
P  H  J  E  L  L  J  D  Z  R  Q  A  E  E
```

LINTEUM	LACUNA
NAVI	MARE
NAVIS	OCEANUM
BLUE	UMBRELLA
ORA	HARENA
GREGEM	SANDALIA
CANCER	REEF
INSULA	SOL

73 - Avventura

```
P  B  H  M  X  P  S  T  U  D  I  U  M  R
R  P  O  I  R  E  A  T  N  N  A  R  K  Q
A  U  O  R  C  R  H  P  P  F  O  A  D  G
E  L  P  U  Z  E  Q  Q  H  C  L  V  X  M
P  C  T  M  F  G  A  U  D  I  U  M  U  L
A  H  I  Z  P  R  W  W  O  F  Q  T  G  M
R  R  N  A  V  I  G  A  T  I  O  N  E  M
A  I  S  C  I  N  E  M  T  F  U  R  Z  G
T  T  O  T  R  A  Y  I  D  L  A  R  T  W
I  U  L  I  T  N  T  C  O  W  F  P  U  E
O  D  I  O  U  D  F  I  N  A  T  U  R  A
W  O  T  X  T  U  G  S  V  I  X  N  O  P
P  G  A  M  E  M  S  A  L  U  T  E  M  T
P  E  R  I  C  U  L  O  S  U  M  W  W  R
```

AMICIS	INSOLITA
ACTIO	NATURA
PULCHRITUDO	NAVIGATIONEM
FORTE	NOVUM
VIRTUTE	PERICULOSUM
STUDIUM	PRAEPARATIO
PEREGRINANDUM	SALUTEM
GAUDIUM	MIRUM

74 - Forme

```
P  A  R  T  E  C  V  A  S  J  B  A  U  H
Y  Q  A  N  G  U  L  O  R  R  Y  K  L  N
R  R  U  W  E  B  Y  F  Q  C  U  R  V  A
A  E  P  A  H  U  J  I  O  D  J  C  D  B
M  C  O  R  D  S  K  E  D  Z  F  O  X  E
I  T  L  O  W  R  S  P  H  A  E  R  A  C
D  A  Y  R  C  C  A  T  R  A  L  D  D  X
I  N  G  A  Y  I  J  T  I  Q  L  W  J  J
S  G  O  S  L  R  R  C  U  Z  I  L  B  J
M  U  N  I  I  C  E  C  X  M  P  S  L  R
F  L  U  W  N  U  M  O  U  K  S  U  R  O
Z  U  M  W  D  M  X  N  G  L  I  N  E  A
S  M  F  G  R  K  B  I  Z  W  U  F  X  N
O  V  A  L  O  P  R  I  S  M  A  S  B  R
```

ANGULO	LINEA
ARC	OVAL
ORAS	PYRAMIDIS
CIRCULUS	POLYGONUM
CYLINDRO	PRISMA
CONI	QUADRATUM
CUBUS	RECTANGULUM
CURVA	CIRCUM
ELLIPSI	SPHAERA
PARTE	

75 - Oceano

```
W P V M U J Y T U N A P K Z
D H O S T R E A U U W J W X
F Q R L P H I U L R E E F S
C N S E Y J M H S N T A O Q
S O T E M P E S T A S U P U
H B R K L M U W Z J T Y R I
A F A A T L N S K G Q Q M L
R K B X L A N G U I L L A L
K O A E S T U S C C V D K A
R D L N A V I S P O N G I A
M J E L L Y F I S H C H B E
O I N S A L D E L P H I N I
P C A N C E R P I S C E S M
F L U C T U S E P D C G U N
```

ANGUILLA	OSTREA
BALENA	PISCES
NAVI	POLYPUS
CORAL	SAL
DELPHINI	REEF
SQUILLA	SPONGIA
CANCER	SHARK
AESTUS	TURTUR
JELLYFISH	TEMPESTAS
FLUCTUS	TUNA

76 - Famiglia

```
R  K  R  M  P  U  E  R  A  K  H  P  P  F
C  P  Y  O  A  A  N  W  D  I  O  U  A  R
A  G  M  E  T  D  T  P  W  A  Q  E  T  A
A  V  V  D  E  V  Q  E  X  E  C  R  R  T
H  X  U  I  R  A  K  W  R  K  A  I  U  E
J  Y  X  S  M  A  T  E  R  N  Q  T  U  R
Q  D  O  P  A  M  X  C  S  V  I  I  S  C
O  J  R  G  T  H  H  F  O  I  L  A  G  D
A  A  N  C  E  S  T  O  R  R  E  E  C  B
V  M  Q  D  R  M  F  C  O  G  N  A  T  A
I  T  W  O  T  N  I  I  R  D  V  Q  E  V
A  K  S  L  E  I  L  N  E  P  O  S  P  E
X  K  K  K  R  F  I  L  I  I  H  G  A  W
F  N  T  G  A  M  A  T  E  R  N  O  L  W
```

ANCESTOR	MATERNO
FILII	UXOR
PUER	NEPOS
COGNATA	AVIA
FILIA	AVUS
FRATER	PATER
GEMINI	PATERNI
PUERITIA	SOROR
MATER	MATERTERA
VIR	PATRUUS

77 - Veicoli

```
D X X N C Z J C G T I R E S
S B Y F D I D O C R N A V I
A C T N S R W M S A E S I H
M P O T A X I I U C M U V E
B O I O O P Q T B T O B A L
U R R T T G Y A M O T W M I
L T A U S E D T A R O A U C
A T T K N R R U R D R Y S O
N I I V V U I U I R O G V P
C T S V Y C W Q N D N L Q T
E O L N N A W C E H B N O E
J R H K L Q W N A Z I D M R
C O M I T A T U M R O I H J
Y G I G G L H O H W E M L U
```

VIVAMUS
AMBULANCE
CAR
NAVI
DOLOR
COMITATUM
HELICOPTER
SUBWAY
MOTOR

TIRES
ERUCA
SCOOTER
SUBMARINE
TAXI
PORTTITOR
TRACTOR
COMITATU
RATIS

78 - Emozioni

```
O N E R O S A Q D P S M T V
R E M I S S U M X R W I R X
R X J T Q H P E F H L S A J
N E X C I T A T U R E E N K
P M I R U M X U V A S R Q F
A K O Y X H R S L R S I U E
C M S Y M P A T H I A C I I
E B O G O S G D T T N O L R
M T K R G A U D I U M R L A
K J B A B T T J J D N D I Y
B P V T D I N E K E Z I T N
J H O U E S U Q I R J A A R
D M G M T A E D I U M M S M
T E N E R I T U D I N E M G
```

AMOR
TRANQUILLITAS
EXCITATUR
MISERICORDIAM
GAUDIUM
GRATUM
ONEROSA
TAEDIUM

PACEM
METUS
IRA
REMISSUM
SYMPATHIA
SATIS
MIRUM
TENERITUDINEM

79 - Natura

```
S  G  H  D  F  A  N  V  D  Z  W  C  V  P
I  F  H  C  R  R  R  K  E  A  B  U  E  S
L  L  L  C  O  C  U  P  S  E  R  E  N  A
V  U  K  N  N  T  P  T  E  E  G  F  U  N
A  M  M  B  D  I  E  N  R  G  X  A  B  C
F  E  R  A  E  C  S  I  T  L  L  E  E  T
G  N  C  A  L  I  G  O  O  A  F  J  S  U
E  V  I  T  A  L  I  S  H  C  V  E  U  A
R  M  A  A  O  V  F  H  N  I  V  E  S  R
T  R  O  P  I  C  A  L  Z  E  F  B  C  I
A  P  X  N  J  S  M  Z  D  R  L  S  I  U
P  A  D  R  T  J  A  P  E  S  S  X  P  M
V  L  X  A  A  E  A  N  I  M  A  L  I  A
A  P  H  Q  L  O  S  N  Q  H  H  O  T  N
```

ANIMALIA
APES
ARCTIC
DESERTO
SUSCIPIT
EXESA
FLUMEN
FRONDE
SILVA
GLACIER

MONTES
CALIGO
NUBES
SANCTUARIUM
RUPES
FERA
SERENA
TROPICAL
VITALIS

80 - Balletto

```
A  R  T  E  G  X  U  E  G  L  A  L  Q  M
B  S  A  L  T  A  T  O  R  E  S  R  B  U
A  R  T  I  S  O  Z  D  G  C  S  K  S  S
B  F  D  M  F  W  P  G  M  T  I  C  C  C
F  N  G  N  T  J  J  O  H  I  K  O  U  U
A  U  D  I  T  O  R  E  S  O  A  V  Q  L
T  M  S  C  C  O  H  K  N  N  O  J  X  I
V  E  B  U  Z  O  R  C  H  E  S  T  R  A
R  R  R  E  X  P  R  E  S  S  I  V  U  M
C  O  M  P  O  S  I  T  O  R  M  S  S  K
D  E  C  O  R  U  M  A  S  V  H  O  T  P
R  E  C  E  N  S  E  N  D  U  M  L  Y  Q
M  U  S  I  C  A  E  K  J  E  F  O  L  T
W  U  Q  I  N  T  E  N  S  I  O  N  E  M
```

ARTE
ARTIS
SOLO
SALTATORES
COMPOSITOR
EXPRESSIVUM
GESTU
DECORUM
INTENSIONEM
LECTIONES

MUSCULI
MUSICA
ORCHESTRA
USU
RECENSENDUM
AUDITORES
NUMERO
STYLE
ARS

81 - Castelli

```
U N I C O R N I S S F K N D
G L A D I U M A R C E C F Y
F I I U L M E N E U C O N N
U E Z Y K U P N L T A R O A
N N U F E R R E P U T O B S
G D T D Y U I Q R M A N I T
P V B U A M N U I I P A L I
B F F F A L C E N I U M I A
F A T U R R I S C V L M S P
E U Q K M E P A I Y T X E S
S Q V T A G E C P D R A C O
E R U E T N X S E C L Y K U
Q X G U D U P K M F C G Q B
Y V O E S M P A L A T I U M
```

ARMA	NOBILIS
CATAPULT	PALATIUM
EQUES	MURUM
EQUUS	PRINCIPE
CORONAM	PRINCIPEM
DYNASTIA	REGNUM
DRACO	SCUTUM
FEUDAL	GLADIUM
ARCE	TURRIS
IMPERIUM	UNICORNIS

82 - Campionato

```
L E Q P A T I E N T I A C Q
U U V I C T O R I A Y L A K
L I D F M A W S Z W P M U T
W S O I A M V B U R N F S O
I M C N S L V U D D V I A R
C O N S I L I O Y L O Q M N
W D U I B H N E V I C R Q E
B L M U P Q D L U D O S K A
J H I D J F I N A L I S T M
Y L S E R L C D O L O R U E
L V M X B S I R Z E X A M N
F T A K X H A S Q V V E P T
Q P K P K E E B H C Q D B U
F O R T I S S I M U S A J M
```

RAEDA

VINDICIAE

FORTISSIMUS

FINALIST

LUDOS

IUDEX

NUMISMA

CAUSAM

EUISMOD

PATIENTIA

LUDIS

DOLOR

CONSILIO

SUDOR

TORNEAMENTUM

VICTORIA

83 - Foresta Pluviale

```
A M P H I B I A Y C B Q T D
R E I F I L U K X O O U R I
S E N U L L A M T M T A U V
S K S N A T U R A M A N N E
P R E T I O S U M U N T C R
E B C M I R R Z V N I U A S
C D T N U T K A X I C M T I
I H A A U S U D T T A S I T
E U V N G B C T Z A K A S A
S E E U K R E U I S I L L S
L H S B B F N S S O R U W A
R Y Q V L C A E L I N T R N
R E F U G I U M K O F E W Y
X Q V J Y K I Y K A U M M T
```

AMPHIBIA
BOTANICA
CAELI
COMMUNITAS
DIVERSITAS
TRUNCATIS
INSECTA
NULLAM
MUSCUS

NATURA
NUBES
PRETIOSUM
RESTITUTIONEM
REFUGIUM
QUANTUM
SALUTEM
SPECIES
AVES

84 - Edifici

```
T A B E R N A C U L U M T O
C A S T R U M U S E U M H B
L D T C F C A M E R A M E S
Q U A U H O T E L H I L A E
U I D K O O R C Y O V E T R
K S I S R P L U Y S H G R V
R R U A R C G A M P O A U A
E K M E E T U R R I S T M T
N S P Q U R F X H T P I S O
F U X Q M R A H S A I O N R
N Y L Q P S R O B L C N F I
F E G L R E M Y F I I E U U
Z X G D A T O X Y S O M Q M
S F T Y W W F A C T O R Y T
```

LEGATIONEM
DUIS
CAMERAM
CASTRUM
FACTORY
FARM
HORREUM
HOTEL
NULLA
MUSEUM

HOSPITALIS
OBSERVATORIUM
HOSPICIO
SCHOLA
STADIUM
FORUM
THEATRUM
TABERNACULUM
TURRIS

85 - Paesi #2

```
J A P A N S Z N Q O X H H U
U A E T H I O P I A R A I G
Y P M Y X T J M H V U I B A
N E P A L A O S A P S T E N
I G S L I C Y W H L S I R D
G R U B N C X A C I I A N A
E A D A D S A H J B A A I D
R E A N O V Y P C E Q O A A
I C N I N K W R B R Y C W N
A I I A E I K F I I U B C I
O A A D S K U C R A I N A A
I T G R I M E X I C O B C E
X G E Q A S Y Z J U L H S M
L F E Z M B N N T U V B J U
```

ALBANIA	LIBERIA
DANIAE	MEXICO
AETHIOPIA	NEPAL
JAMAICA	NIGERIA
JAPAN	RUSSIA
GRAECIA	SYRIA
HAITIA	SOMALIA
INDONESIA	SUDANIA
HIBERNIA	UCRAINA
LAOS	UGANDA

86 - Tipi di Capelli

```
S  G  M  Y  D  F  C  S  H  F  Q  U  D  R
J  A  R  G  I  O  R  B  K  B  S  G  M  F
X  L  N  A  U  Y  A  G  U  R  A  N  J  U
H  B  I  U  Y  C  S  D  W  O  M  Q  T  G
V  U  G  O  S  A  S  E  I  W  O  W  O  J
C  S  R  N  H  L  U  N  D  N  L  W  R  C
O  Z  U  G  O  V  S  I  S  C  L  F  T  R
L  T  M  X  Q  U  E  Q  N  P  I  L  I  U
O  E  C  R  I  S  P  U  S  Z  S  A  S  S
R  N  N  U  F  R  E  B  H  F  V  F  G
A  U  E  I  C  I  N  C  I  N  N  I  S  L
T  I  P  F  S  I  C  C  U  M  V  S  S  H
U  S  C  A  R  G  E  N  T  U  M  X  X  F
M  O  F  Y  F  E  N  R  W  G  I  O  A  H
```

ARGENTUM	CRUS
SICCUM	DIU
ALBUS	BROWN
FLAVIS	MOLLIS
DENIQUE	NIGRUM
CALVUS	CRISPUS
COLORATUM	CINCINNIS
GRAY	SANUS
TORTIS	TENUIS
LENIS	CRASSUS

87 - Vestiti

```
L  J  T  O  V  K  J  L  C  X  H  S  B  J
X  A  W  L  A  S  W  E  A  T  E  R  R  A
F  M  C  H  A  B  I  T  U  O  M  Y  A  C
T  H  I  I  C  A  E  S  T  U  S  W  C  K
H  A  T  I  N  T  I  O  M  O  R  E  C  E
A  T  V  A  E  I  B  L  O  U  S  E  A  T
S  H  I  R  T  B  A  E  N  B  A  P  E  C
A  C  O  A  T  I  M  A  I  A  R  A  A  I
N  O  Q  I  J  A  I  S  L  U  M  J  I  N
D  T  N  U  L  L  A  N  E  C  I  A  W  G
A  V  V  U  I  I  H  C  Y  R  L  M  L  U
L  L  X  N  W  A  S  P  P  F  L  A  O  L
I  C  H  L  A  M  Y  D  E  M  A  S  N  U
A  X  I  H  H  W  R  J  I  R  M  E  R  M
```

HABITU	LACINIA
ARMILLAM	CAESTUS
TIBIALIA	SWEATER
BLOUSE	MORE
SHIRT	BRACCAE
HAT	SOLEAS
COAT	PAJAMAS
CINGULUM	SANDALIA
MONILE	NULLA NEC
JACKET	CHLAMYDEM

88 - Attività e Tempo Libero

```
D I G N I S S I M B Z K F E
U L T R I C E S F O C K X S
G A R D E N I N G X T E Z W
G K I C A S T R A I V I K B
P I S C A N D I M N H S U A
U D T C H Z T E E G O L F S
L A I D O Z L K T C O Y S E
V Z Q R B N A T A N T E S B
I E U K B H S T R A V E L A
N W E T I H Y E S Z B X D L
A W P Z E Y J H Q N H D Y L
R L X L S T E O A U O C B K
P I C T U R A M M P A S P T
S U P E R F I C I E S T C V
```

ES   CONSEQUAT
BASEBALL   NATANTES
ULTRICES   PULVINAR
BOXING   PISCANDI
DIGNISSIM   PICTURA
CASTRA   AMET
GARDENING   SUPERFICIES
GOLF   TRISTIQUE
HOBBIES   TRAVEL

89 - Tecnologia

```
I  F  A  Q  Y  W  C  E  X  G  M  E  K  S
A  S  Z  V  N  I  I  N  T  E  R  N  E  T
P  Q  S  W  C  P  F  L  L  I  Z  U  J  H
S  O  F  T  W  A  R  E  W  H  D  N  R  C
E  V  I  R  U  S  M  U  Z  U  J  T  E  U
C  R  L  W  S  C  R  E  E  N  W  I  C  R
U  T  E  H  B  O  R  W  R  D  J  U  T  S
R  K  C  S  S  O  H  S  U  A  Y  S  U  O
I  M  I  H  E  D  I  G  I  T  A  L  M  R
T  K  T  Y  G  A  V  Y  M  A  W  I  H  Y
A  C  S  D  M  C  R  B  L  Q  X  H  R  C
T  O  R  T  Z  P  K  C  W  A  C  H  D  F
E  B  A  E  H  P  N  L  H  F  N  B  Z  Z
M  K  T  O  B  K  K  M  A  M  A  Q  M  G
```

PASCO
EU
CURSOR
DATA
DIGITAL
FILE
INTERNET
NUNTIUS

RESEARCH
SCREEN
SECURITATEM
SOFTWARE
CAMERA
RECTUM
VIRUS

90 - Arte

```
O A S W A M R F Z L C O O M
C R L U T L B L O P O E A Y
O S I I B S H K O G M O O D
M U N G O I T X P T P P V Y
P R S F I G E B E E L I I X
O R P F T N C C R L E C S C
S E I F F U A P T L X T U Q
I A R P I M R L R U U U A B
T L A A G M M N A S M R L H
I I T P U M I W H K Z A V Q
O S I J R D N N E H A E V O
X M H L A H A M E T Y I P N
E L C E X P R E S S I O H S
G V B L K P A T F K U F R T
```

TELLUS
COMPLEXU
COMPOSITIO
PICTURAE
EXPRESSIO
FIGURA
INSPIRATI
AMET
ORIGINAL

ALIO
CARMINA
PERTRAHE
SIGNUM
SUBIECTUM
SURREALISM
MOOD
VISUAL

91 - Meteo

```
N  L  F  T  O  N  I  T  R  U  A  O  O  T
X  G  U  S  I  C  C  I  T  A  T  E  Q  R
M  S  L  P  C  A  U  R  A  E  R  I  S  O
W  K  G  Y  E  T  E  T  E  S  I  A  K  P
C  T  U  R  B  O  X  S  V  Q  E  M  J  I
H  A  R  V  E  N  T  U  S  K  D  C  V  C
S  T  E  M  P  E  S  T  A  S  P  T  Q  A
M  I  P  L  P  R  O  C  E  L  L  A  E  L
A  U  C  N  U  O  V  P  C  M  O  M  M  K
U  O  Q  C  N  M  L  O  I  A  M  O  Y  V
R  X  C  M  U  F  Z  L  C  R  L  P  F  P
I  K  Q  W  B  M  O  A  L  P  A  I  U  R
S  Q  H  L  E  T  O  R  T  O  R  G  G  F
L  T  O  V  S  C  A  E  L  I  G  E  L  O
```

MAURIS	NUBES
SICCUM	POLAR
AERIS	SICCITATE
AURA	TORTOR
CAELUM	TEMPESTAS
CAELI	TURBO
FULGUR	TROPICAL
ICE	TONITRUA
ETESIA	PROCELLAE
CALIGO	VENTUS

92 - Corpo Umano

```
D C U B I T U S N C Y S J O
Q I T D G I W C A D J K C C
Y P G N R K U E R C T L S U
T O P I S T C R I C O L A L
I R T U T I O E B O A R N U
S E W D A U B B U L U S G S
C T K T R B S R S L R O U W
A L O G S G G U E U I H I C
P B V M O F E M B M S K N R
U V Z E A A N C U T I S E U
T B O N X C U X V V G A M S
R H A T U I H U M E R U M N
Q Q U U I E E U M A N U B O
J L I M A M P W M J V E K M
```

ORE
TARSO
CEREBRUM
COLLUM
COR
DIGITUS
FACIEM
CRUS
GENU
CUBITUS

MANU
MENTUM
NARIBUS
OCULUS
AURIS
CUTIS
SANGUINEM
HUMERUM
STOMACHUM
CAPUT

93 - Mammiferi

```
I  T  M  C  D  A  U  J  O  G  D  Y  O  M
O  J  C  A  E  R  L  F  Z  Q  E  I  U  A
R  V  M  N  L  O  C  E  R  V  U  S  B  C
C  U  E  I  P  P  X  L  B  N  G  V  A  R
I  L  D  S  H  A  W  I  B  L  E  O  L  O
W  P  Y  I  I  O  N  S  N  O  Y  Z  E  P
D  E  Y  G  N  Z  J  T  U  U  T  E  N  U
C  S  I  M  I  A  V  A  H  I  A  B  A  S
V  I  N  R  N  X  W  D  G  E  U  R  R  L
E  L  E  P  H  A  N  T  I  S  R  A  T  E
L  U  Q  P  A  G  O  R  Z  Y  U  A  C  P
J  P  U  R  S  U  S  X  X  B  S  R  J  U
N  U  U  L  C  L  Q  Q  D  P  Y  X  E  S
Q  S  S  C  O  Y  O  T  E  U  M  R  J  G
```

BALENA
CANIS
MACROPUS
EQUUS
CERVUS
LEPUS
COYOTE
DELPHINI
ELEPHANTIS
FELIS

PANTHERA
ORCI
LEO
LUPUS
URSUS
OVES
SIMIA
TAURUS
VULPES
ZEBRA

94 - Arrampicata

```
I  G  A  Z  L  G  B  P  T  M  N  S  A  P
A  N  A  I  Y  J  W  E  A  M  F  Y  N  J
A  H  I  L  A  Y  U  R  B  G  F  N  G  D
B  E  J  U  E  A  M  I  E  I  V  Y  U  I
X  S  M  J  R  A  A  T  R  M  O  C  S  S
U  B  Y  B  I  I  M  U  N  C  E  D  T  C
E  Q  H  W  S  B  A  S  U  M  A  P  A  I
C  A  E  S  T  U  S  M  S  I  G  V  W  P
C  U  R  I  O  S  I  T  A  S  P  N  E  L
F  O  R  T  I  T  U  D  O  U  S  Z  C  I
P  O  I  Y  H  A  L  T  I  T  U  D  O  N
A  S  T  A  B  I  L  I  T  A  T  E  M  A
D  U  C  E  S  C  O  R  P  O  R  I  S  C
Q  Z  Z  J  U  J  N  H  Q  V  C  T  O  Z
```

ALTITUDO	CAVE
AERIS	CAESTUS
GALEAM	DUCES
CURIOSITAS	INIURIAM
PERITUS	MAP
CORPORIS	STABILITATEM
DISCIPLINA	TABERNUS
FORTITUDO	ANGUSTA

95 - Animali Domestici

```
H  I  R  C  U  M  T  O  R  Q  U  E  M  L
P  S  I  T  T  A  C  U  S  U  F  F  U  E
M  U  S  A  Y  M  U  F  Z  H  Z  J  D  P
V  E  T  E  R  I  N  A  R  I  U  S  Z  U
M  P  R  J  B  E  J  Z  D  J  C  N  A  S
W  M  C  R  L  L  C  I  K  I  Q  Y  A  O
M  U  L  F  X  P  L  B  Z  W  X  P  C  Z
B  N  A  N  J  V  G  O  F  R  G  U  Z  P
T  G  C  M  D  H  C  S  R  Y  S  P  P  C
Q  U  E  A  Q  U  A  A  D  U  P  P  I  A
F  I  R  F  E  L  I  S  U  B  M  Y  S  N
M  B  T  T  C  I  B  U  M  D  D  W  C  I
B  U  A  O  U  P  O  B  M  C  A  H  E  S
R  S  J  N  E  R  F  H  K  H  E  M  S  D
```

AQUA	FELIS
UNGUIBUS	LORUM
CANIS	LACERTA
HIRCUM	BOS
CIBUM	PSITTACUS
CAUDA	PISCES
TORQUEM	TURTUR
LEPUS	MUS
PUPPY	VETERINARIUS

96 - Cucina

```
S D E R U N S X B S S K W I
C W T E S I M W A U P Y Z U
Y L A R O M A T A D O L V D
P E I P O C U L A A N C E S
H B S B L U R O V R G I S O
O E I H A M I P T I I B J P
S T D I Q N S C O O A U R B
G E M P Y N O M R D S M W K
T R I D E N T E S A C L J H
C H O P S T I C K S T X A Y
L T Q G C N X V D G S E M D
C O N S E Q U A T K M Y R R
H A U R I A T U R O X R W I
C R A T I C U L A M Z F Q A
```

CHOPSTICKS
LEBETE
HYDRIA
CIBUM
CRATER
MAURIS
SCYPHOS
TRIDENTES
CLIBANO

LEO
CRATICULAM
HAURIATUR
CONSEQUAT
AROMATA
SPONGIA
POCULA
SUDARIO

97 - Vacanze #2

```
C O R W F U I N I M X U D I
Z A A X L H M A P N T P W T
O L S O B E A C H U S K W E
V I B T F E G T D H S U T R
I E Z R R K I R C I G Z L B
S N V T T A N M O N T E S A
A A F F C B E A M O S A N M
H O T E L L S R I E T V P E
L V W R P E O E T A O I E T
F E R I H A B L A O T C U L
U P O A P T M I T F A J Z M
G L V S R I D T U G X Q D Q
S I N G R A P H U S I Q F N
Z G N U L L A E L B D K B U
```

ELIT	BEACH
CASTRA	ALIENA
IMAGINES	TAXI
HOTEL	OTIUM
INSULA	NULLA
MAP	COMITATU
MARE	FERIAS
MONTES	ITER
SINGRAPHUS	VISA
AMET	

98 - Attività

```
Y  R  U  Z  P  A  U  B  V  A  S  K  Q  E
V  E  F  N  L  R  X  L  E  C  T  I  O  B
O  J  P  Q  U  T  W  K  N  W  F  B  C  F
L  X  D  C  E  E  V  M  A  C  T  I  O  O
U  R  V  O  J  S  F  N  T  A  Q  F  M  T
P  G  J  N  M  Z  W  H  I  P  T  W  M  I
T  A  K  S  X  A  H  L  O  I  P  J  O  U
A  R  T  E  Q  H  G  N  N  C  E  J  D  M
T  D  A  Q  V  Q  W  I  E  T  S  V  I  L
E  E  S  U  T  U  R  A  A  U  A  W  S  T
M  N  O  A  L  U  D  O  S  R  D  H  N  B
I  I  V  T  J  P  A  O  J  A  Y  T  A  E
K  N  I  T  T  I  N  G  C  A  S  T  R  A
L  G  X  F  P  I  S  C  A  N  D  I  V  F
```

ARTE

ES

ARTES

ACTIO

VENATIONE

CASTRA

SUTURA

CONSEQUAT

GARDENING

LUDOS

COMMODIS

LECTIO

MAGIA

KNITTING

PISCANDI

VOLUPTATEM

PICTURA

OTIUM

99 - Forniture Artistiche

```
A C H A R T A O P V J L C D
Q A O T I U M O E E O J A E
U T G L O S S A R I U M R L
A H K A O M F P T J U E B E
J E L T R R X A E I Z N O O
V D L R G F E P R S P S N J
K R B A W L Y S G S E A E I
W A B M H U U U E F N M S C
D O N E C T O T T B I S Y A
V L Z N Z U U N E H C Y C M
U P G T M M P N C N I B Z E
O L E U M H D I Q H L K M R
Y B N M F H K L W C L Z Z A
J D Q U O F J N Q D I D S C
```

AQUA
DONEC
LUTUM
CARBONES
CHARTA
OTIUM
GLUTEN
COLORES
GLOSSARIUM

DELEO
ATRAMENTUM
PENICILLI
OLEUM
CATHEDRA
PERTERGET
MENSAM
CAMERA

100 - Misurazioni

```
P  H  X  L  A  K  O  G  M  S  B  P  C  L
M  I  N  U  T  I  S  I  R  G  C  R  U  O
A  D  T  N  K  G  R  A  M  A  H  O  O  N
S  E  Y  C  P  I  V  K  Z  I  D  F  V  G
S  C  F  I  F  O  L  A  K  Z  Q  U  O  I
A  I  D  A  T  S  N  O  S  F  B  N  S  T
L  M  L  M  T  F  B  D  M  L  F  D  E  U
T  A  A  E  O  P  Y  M  U  E  C  U  X  D
I  L  T  T  N  S  T  Z  O  S  T  M  T  O
T  E  I  R  N  N  E  V  N  Z  R  E  A  F
U  S  T  I  K  I  L  O  G  R  A  M  R  E
D  Z  U  P  L  N  L  I  T  E  R  T  I  H
O  O  D  K  P  C  N  U  D  P  A  M  U  F
K  E  O  G  J  H  C  O  L  W  W  Q  M  V
```

ALTITUDO	MASSA
BYTE	METRI
KILOGRAM	MINUTIS
KILOMETER	UNCIAM
DECIMALES	PONDUS
GRADUS	SEXTARIUM
GRAM	INCH
LATITUDO	PROFUNDUM
LITER	TON
LONGITUDO	

1 - Scacchi

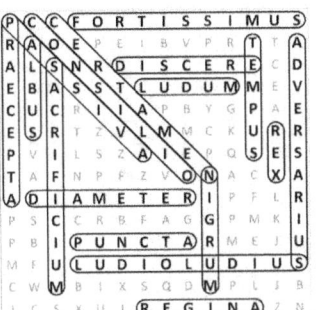

2 - Strumenti

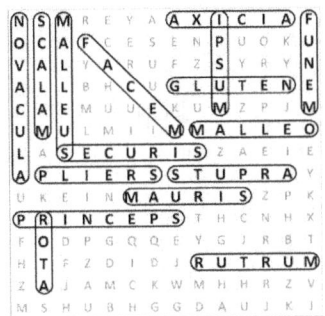

3 - Aggettivi #2

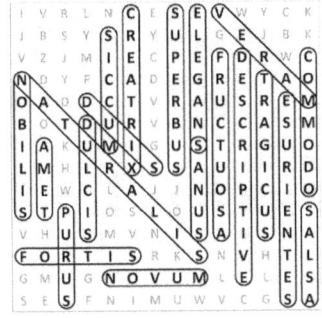

4 - Pesca

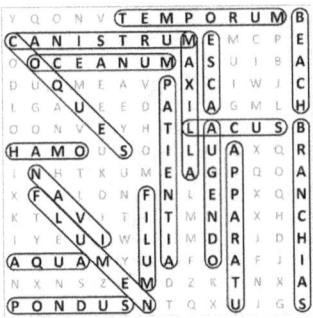

5 - Aggettivi #1

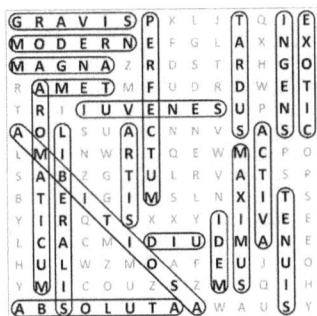

6 - Geologia

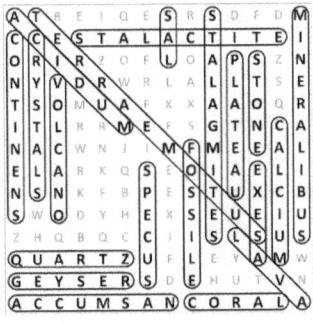

7 - Campeggio

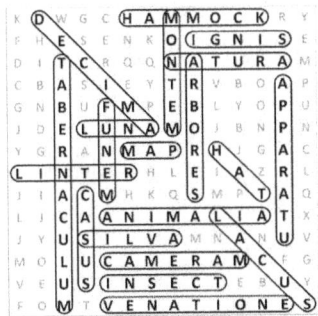

8 - Arti Visive

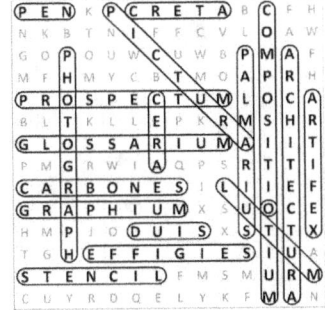

9 - Esplorazione

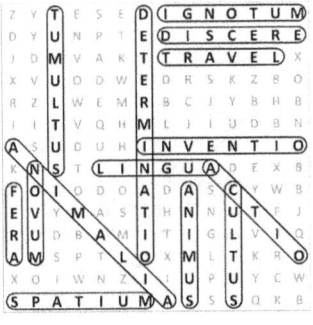

10 - Tempo

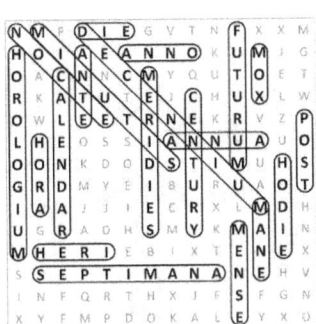

11 - Autunno

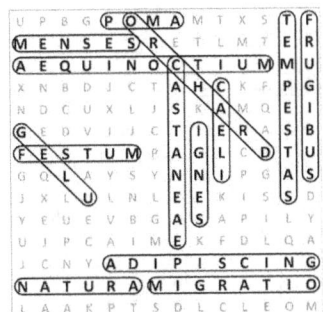

12 - Astronomia

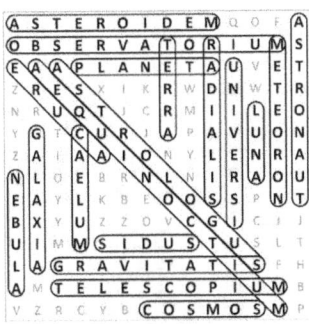

13 - Circo

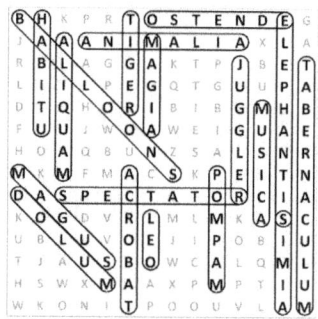

14 - Mitologia

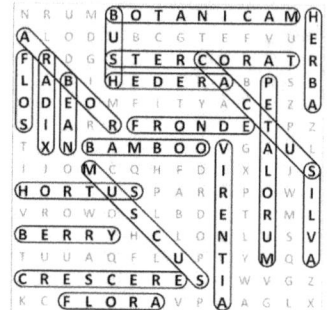

15 - Piante

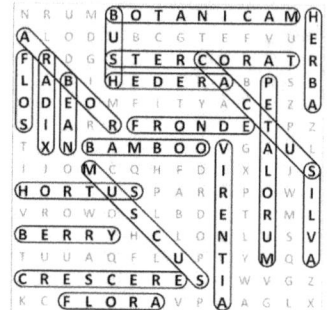

16 - Spezie

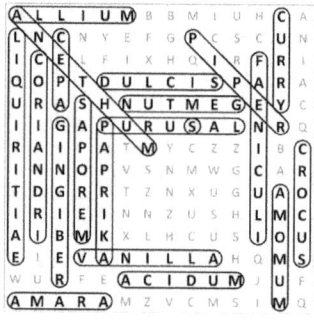

17 - Numeri

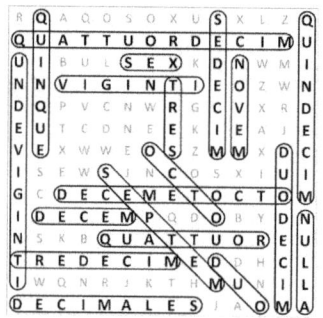

18 - Cioccolato

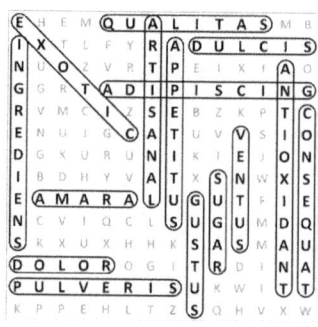

19 - Guida

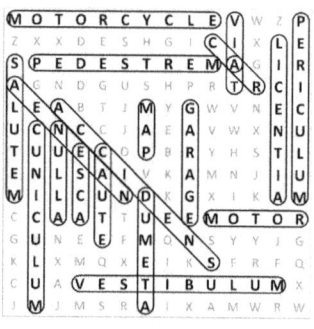

20 - Sport

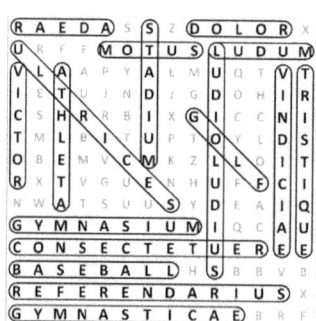

21 - Giocattoli

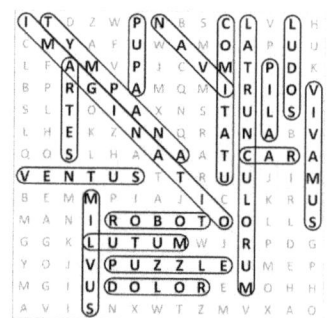

22 - Uccelli

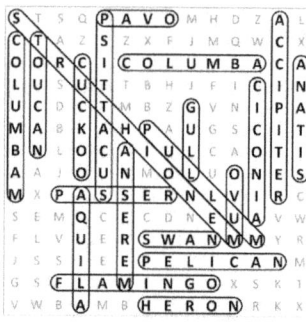

23 - Giorni e Mesi

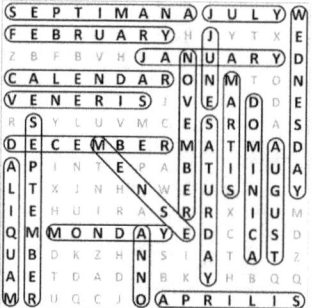

24 - Casa

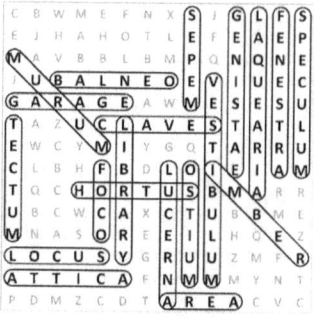

25 - Fantascienza

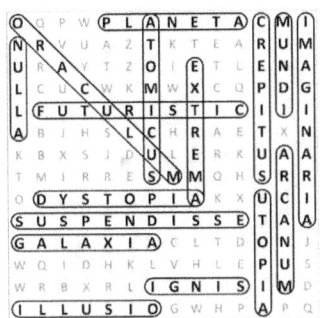

26 - Città

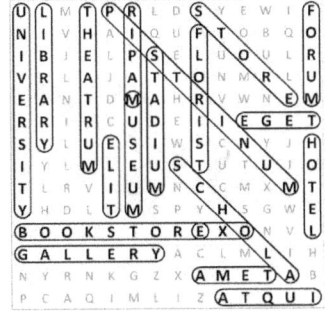

27 - Virtù #1

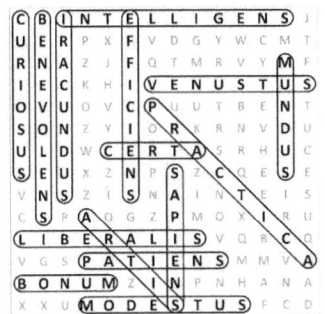

28 - Compleanno

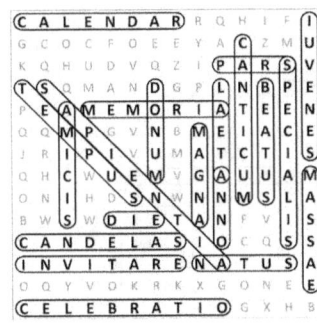

29 - Fattoria #1

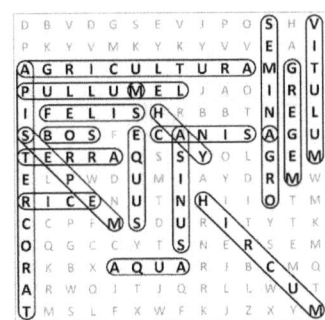

30 - Paesaggi

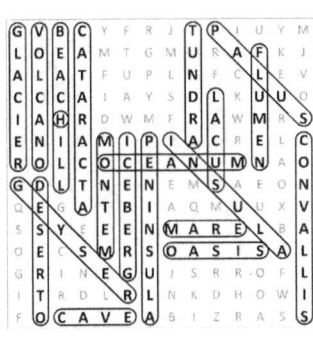

31 - Ristorante #2

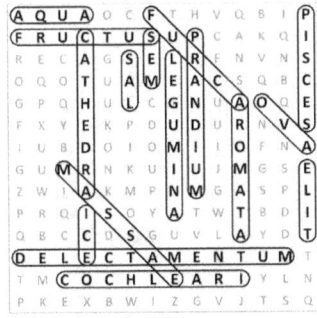

32 - Giardino

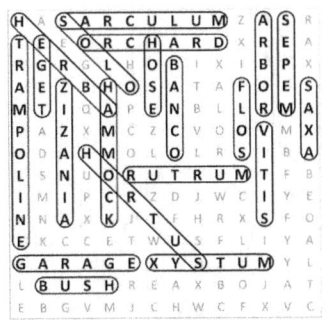

33 - Frutta

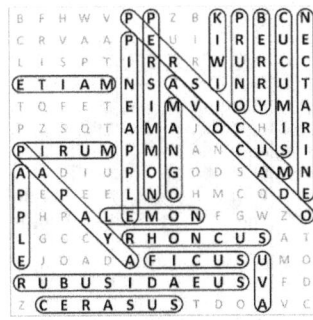

34 - Fattoria #2

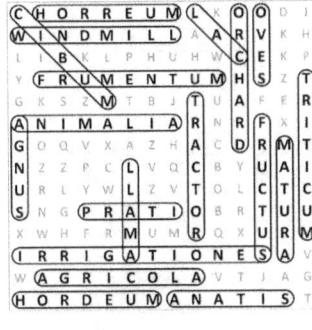

35 - Dinosauri

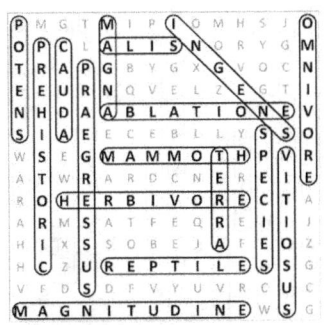

36 - Verdure

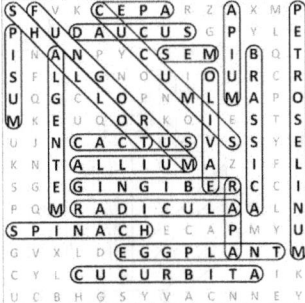

37 - Scuola #2

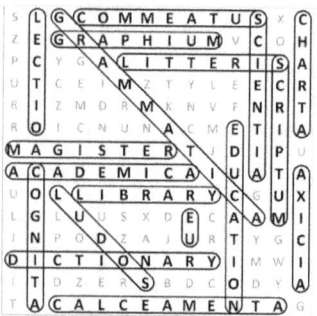

38 - Gentilezza

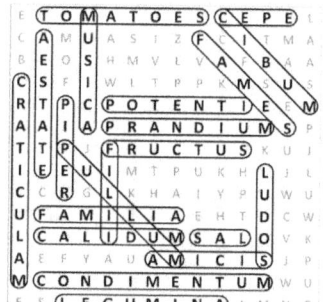

39 - Barbecue

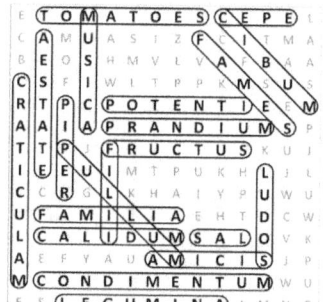

40 - Riempire

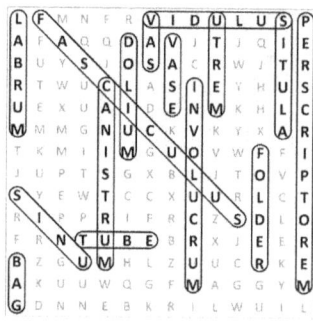

41 - Insetti

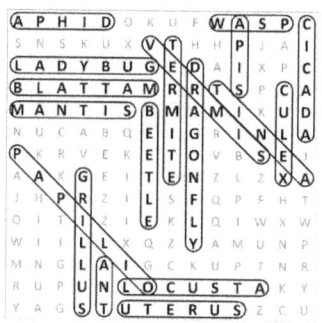

42 - Erboristeria

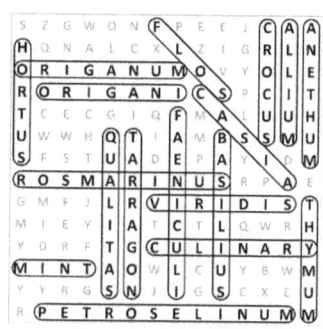

43 - Danza

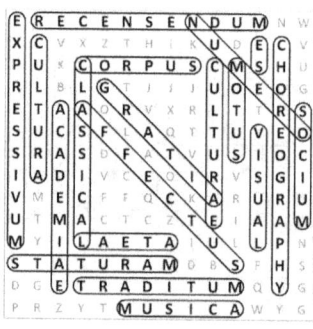

44 - Scuola #1

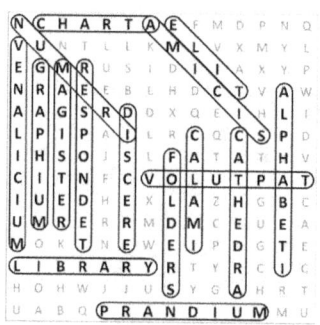

45 - Fiori

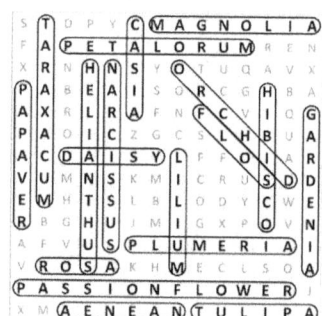

46 - Ecologia

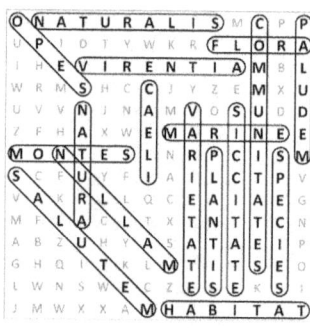

47 - Discipline Scientifiche

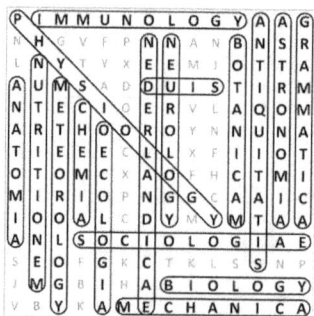

48 - Scienza

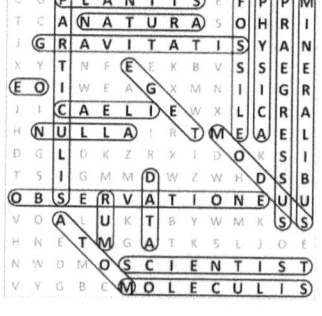

49 - Acqua

50 - Surf

51 - Imbarcazioni

52 - Api

53 - Conservazione

54 - Strumenti Musicali

55 - Professioni #2

56 - Letteratura

57 - Cibo #2

58 - Nutrizione

59 - Matematica

60 - Vacanza #1

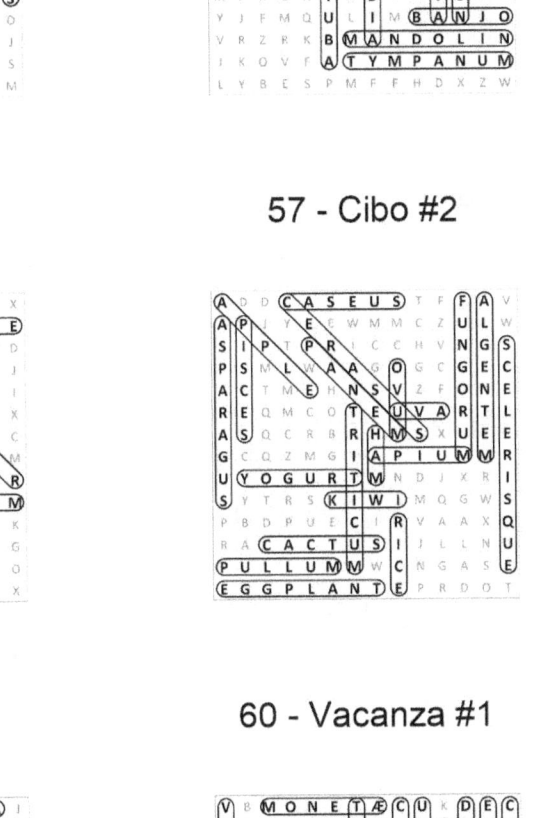
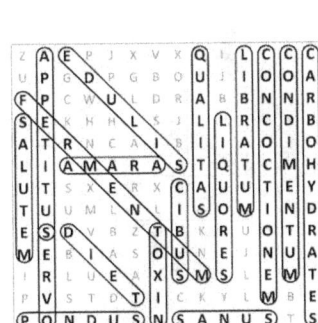
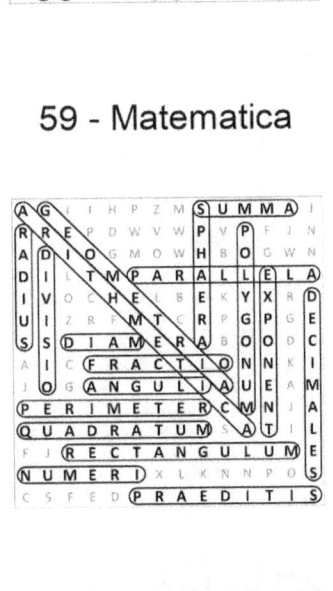

61 - Meditazione

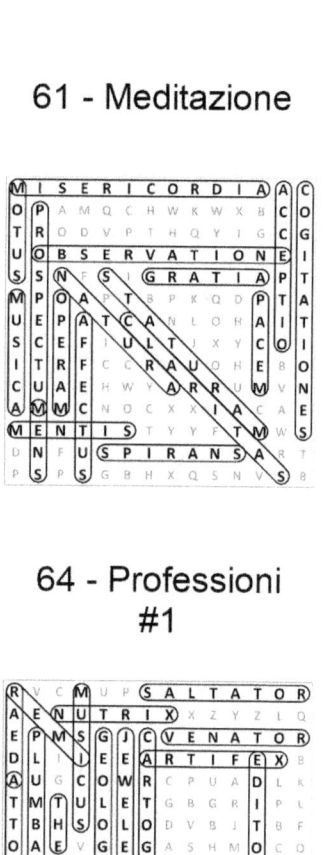

62 - Estate

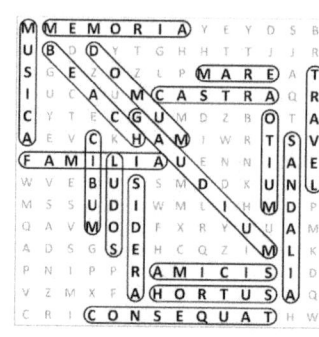

63 - Escursionismo

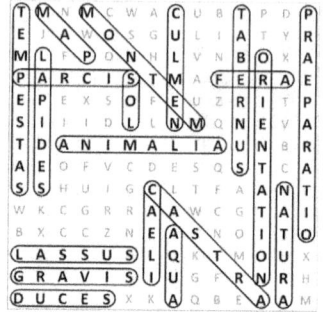

64 - Professioni #1

65 - Antartide

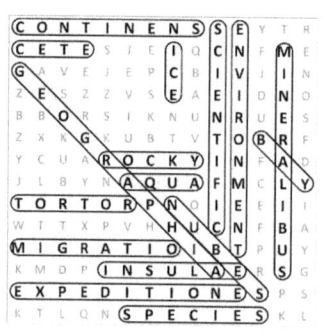

66 - Libri

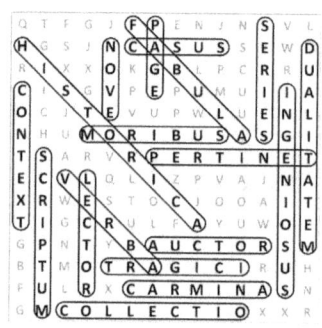

67 - Geografia

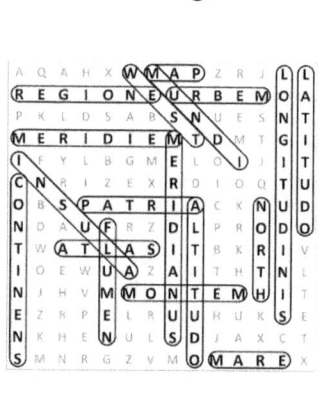

68 - Cibo #1

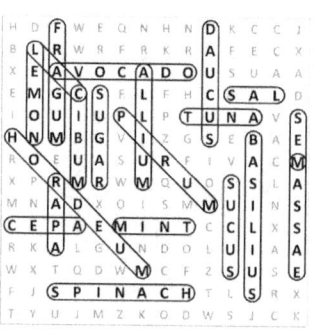

69 - Aeroplani

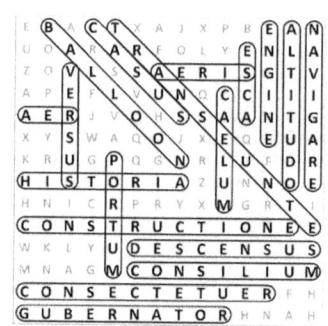

70 - Pirati

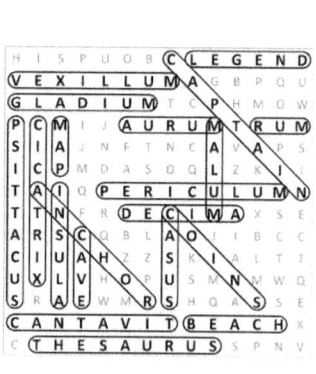

71 - Colori

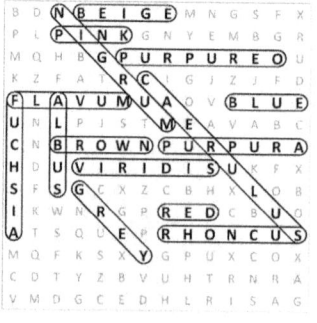

72 - Spiaggia

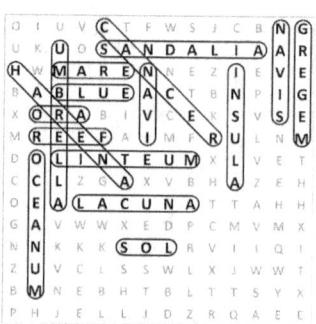

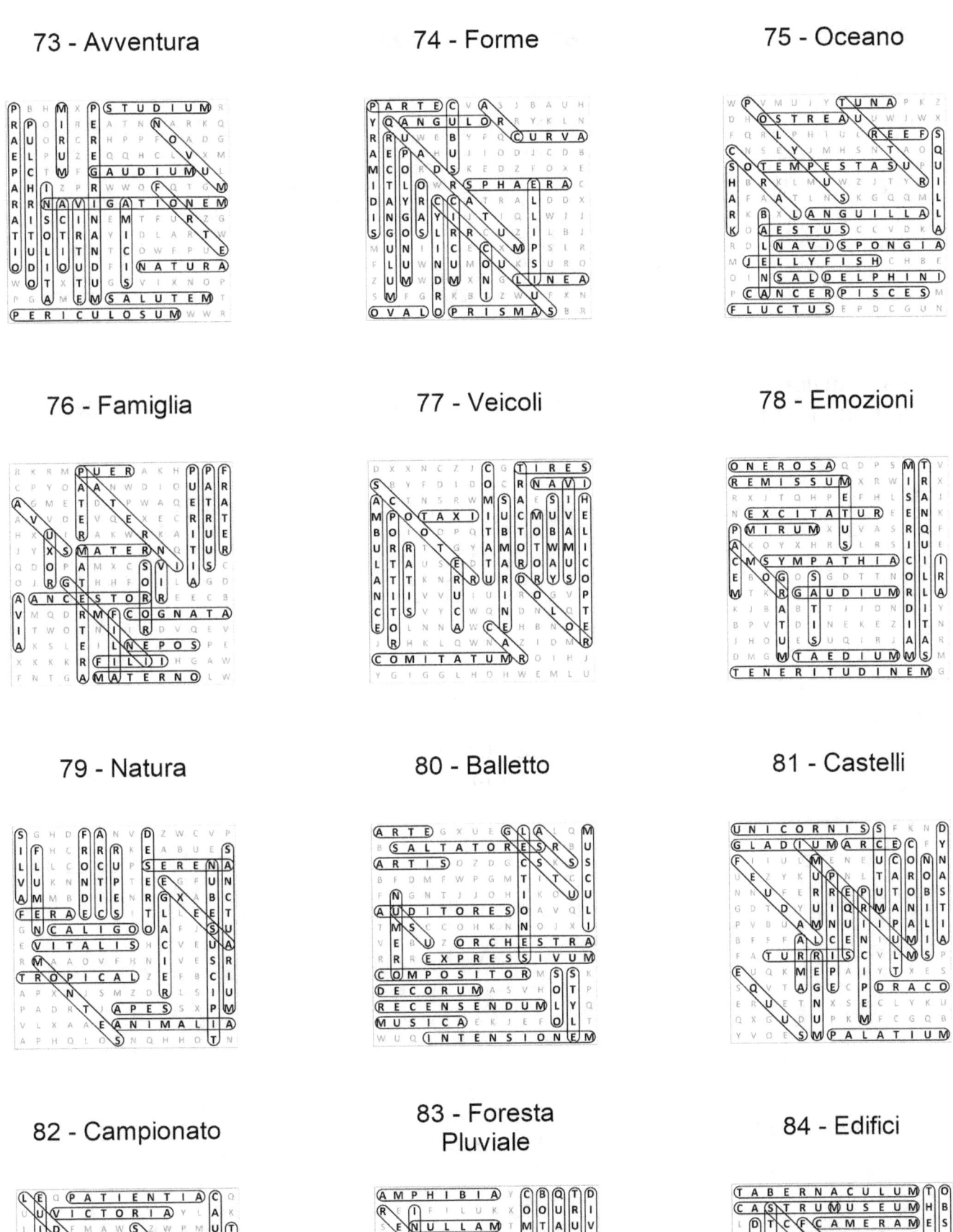

73 - Avventura

74 - Forme

75 - Oceano

76 - Famiglia

77 - Veicoli

78 - Emozioni

79 - Natura

80 - Balletto

81 - Castelli

82 - Campionato

83 - Foresta Pluviale

84 - Edifici

85 - Paesi #2

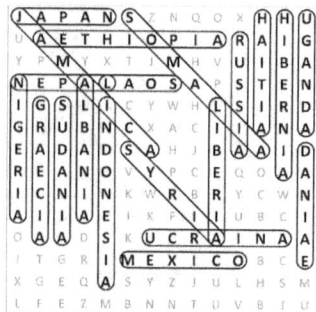

86 - Tipi di Capelli

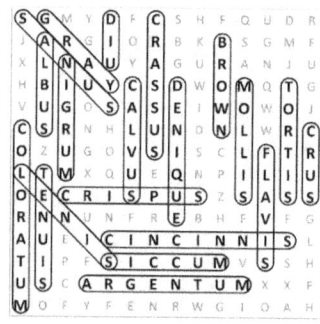

87 - Vestiti

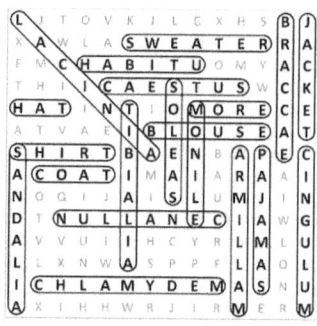

88 - Attività e Tempo Libero

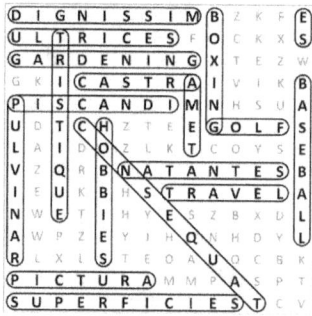

89 - Tecnologia

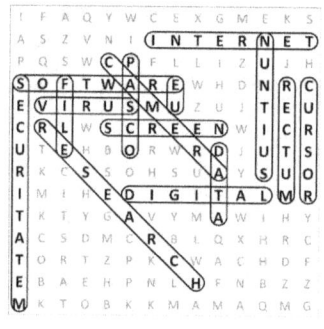

90 - Arte

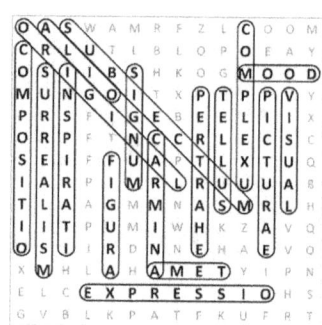

91 - Meteo

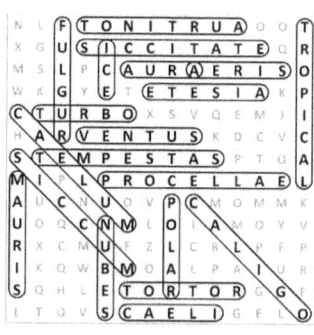

92 - Corpo Umano

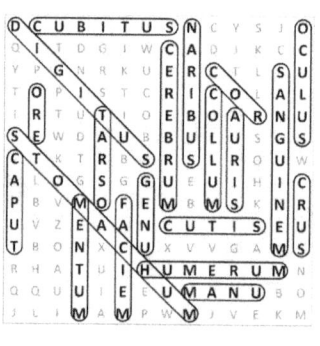

93 - Mammiferi

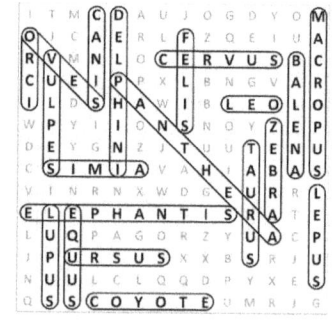

94 - Arrampicata

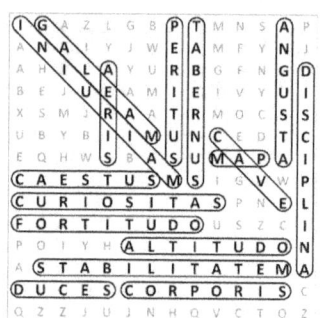

95 - Animali Domestici

96 - Cucina

97 - Vacanze #2

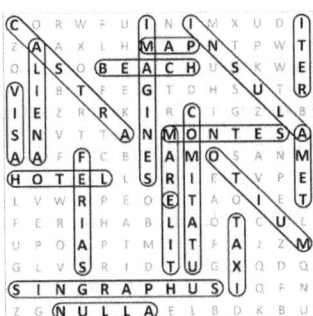

98 - Attività

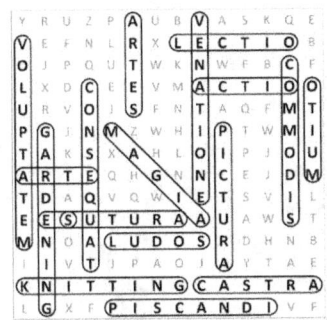

99 - Forniture Artistiche

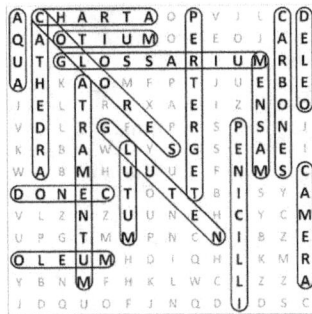

100 - Misurazioni

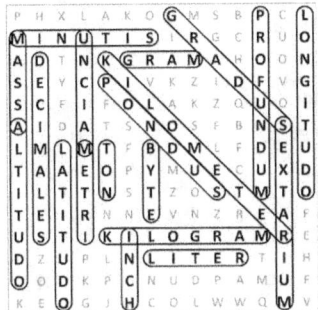

Dizionario

Acqua
Aqua

Alluvione	Diluvium
Canale	Canalis
Doccia	Imber
Evaporazione	Evaporatio
Fiume	Flumen
Gelo	Gelu
Geyser	Geyser
Ghiaccio	Ice
Irrigazione	Irrigationes
Lago	Lacus
Monsone	Etesia
Neve	Nix
Oceano	Oceanum
Onde	Fluctus
Pioggia	Pluvia
Potabile	Drinkable
Umidità	Humiditas
Umido	Humido
Uragano	Procellae
Vapore	Vapor

Aeroplani
Airplanes

Altezza	Altitudo
Aria	Aer
Atmosfera	Aeris
Atterraggio	Portum
Avventura	Casus
Carburante	Esca
Cielo	Caelum
Costruzione	Constructione
Design	Consilium
Direzione	Versus
Discesa	Descensus
Equipaggio	Cantavit
Idrogeno	Consectetuer
Motore	Engine
Navigare	Navigare
Palloncino	Balloon
Passeggero	Transeunte
Pilota	Gubernator
Storia	Historia
Turbolenza	Ferociam

Aggettivi #1
Adiectiva #1

Ambizioso	Ambitiosa
Aromatico	Aromaticum
Artistico	Artis
Assoluto	Absoluta
Attivo	Activa
Enorme	Ingens
Esotico	Exotic
Generoso	Liberalis
Giovane	Iuvenes
Grande	Magna
Identico	Idem
Importante	Maximus
Lento	Tardus
Lungo	Diu
Moderno	Modern
Onesto	Amet
Perfetto	Perfectum
Pesante	Gravis
Prezioso	Pretiosum
Sottile	Tenuis

Aggettivi #2
Adiectiva #2

Affamato	Esurientes
Asciutto	Siccum
Autentico	Veram
Creativo	Creatrix
Descrittivo	Descriptive
Dolce	Dulcis
Drammatico	Tragicus
Elegante	Elegans
Famoso	Nobilis
Forte	Fortis
Interessante	Commodo
Naturale	Naturalis
Normale	Duis
Nuovo	Novum
Orgoglioso	Superbus
Produttivo	Fructuosa
Puro	Purus
Responsabile	Amet
Salato	Salsa
Sano	Sanus

Animali Domestici
Pets

Acqua	Aqua
Artigli	Unguibus
Cane	Canis
Capra	Hircum
Cibo	Cibum
Coda	Cauda
Collare	Torquem
Coniglio	Lepus
Cucciolo	Puppy
Gatto	Felis
Guinzaglio	Lorum
Lucertola	Lacerta
Mucca	Bos
Pappagallo	Psittacus
Pesce	Pisces
Tartaruga	Turtur
Topo	Mus
Veterinario	Veterinarius

Antartide
Antarctica

Acqua	Aqua
Ambiente	Environment
Baia	Bay
Balene	Cete
Continente	Continens
Geografia	Geographia
Ghiaccio	Ice
Isole	Insulae
Migrazione	Migratio
Minerali	Mineralibus
Nuvole	Nubes
Penisola	Peninsula
Ricercatore	Inquisitorem
Roccioso	Rocky
Scientifico	Scientific
Specie	Species
Spedizione	Expeditione
Temperatura	Tortor
Topografia	Topographia
Uccelli	Aves

Api
Apes

Ali	Alis
Alveare	Alveo
Benefico	Utile
Cera	Cera
Cibo	Cibum
Diversità	Diversitas
Ecosistema	Ecosystem
Fiori	Flores
Fiorire	Florebit
Frutta	Fructus
Fumo	Fumus
Giardino	Hortus
Habitat	Habitat
Insetto	Insect
Miele	Mel
Piante	Plantis
Polline	Pollen
Regina	Regina
Sciame	Miscentur
Sole	Sol

Arrampicata
Scandere

Altitudine	Altitudo
Atmosfera	Aeris
Casco	Galeam
Curiosità	Curiositas
Esperto	Peritus
Fisico	Corporis
Formazione	Disciplina
Forza	Fortitudo
Grotta	Cave
Guanti	Caestus
Guide	Duces
Lesione	Iniuriam
Mappa	Map
Stabilità	Stabilitatem
Stivali	Tabernus
Stretto	Angusta

Arte
Es

Ceramica	Tellus
Complesso	Complexu
Composizione	Compositio
Dipinti	Picturae
Espressione	Expressio
Figura	Figura
Ispirato	Inspirati
Onesto	Amet
Originale	Original
Personale	Alio
Poesia	Carmina
Ritrarre	Pertrahe
Simbolo	Signum
Soggetto	Subiectum
Surrealismo	Surrealism
Umore	Mood
Visivo	Visual

Arti Visive
Artibus

Architettura	Architectura
Argilla	Lutum
Artista	Artifex
Capolavoro	Palmarius
Carbone	Carbones
Cavalletto	Otium
Cera	Cera
Composizione	Compositio
Creatività	Glossarium
Film	Duis
Fotografia	Photograph
Gesso	Creta
Matita	Graphium
Penna	Pen
Pittura	Pictura
Prospettiva	Prospectum
Ritratto	Effigies
Stampino	Stencil

Astronomia
Astronomia

Asteroide	Asteroidem
Astronauta	Astronaut
Astronomo	Astrologus
Cielo	Caelum
Cosmo	Cosmos
Costellazione	Sidus
Equinozio	Aequinoctium
Galassia	Galaxia
Gravità	Gravitatis
Luna	Luna
Meteora	Meteoron
Nebulosa	Nebula
Osservatorio	Observatorium
Pianeta	Planeta
Radiazione	Radialis
Razzo	Eruca
Supernova	Supernova
Telescopio	Telescopium
Terra	Terra
Universo	Universi

Attività
Operationes

Abilità	Arte
Arte	Es
Artigianato	Artes
Attività	Actio
Caccia	Venatione
Campeggio	Castra
Cucire	Sutura
Fotografia	Consequat
Giardinaggio	Gardening
Giochi	Ludos
Interessi	Commodis
Lettura	Lectio
Magia	Magia
Maglieria	Knitting
Pesca	Piscandi
Piacere	Voluptatem
Pittura	Pictura
Tempo Libero	Otium

Attività e Tempo Libero
Operationes et Otium

Arte	Es
Baseball	Baseball
Basket	Ultrices
Boxe	Boxing
Calcio	Dignissim
Campeggio	Castra
Giardinaggio	Gardening
Golf	Golf
Hobby	Hobbies
Immersione	Consequat
Nuoto	Natantes
Pallavolo	Pulvinar
Pesca	Piscandi
Pittura	Pictura
Rilassante	Amet
Surf	Superficies
Tennis	Tristique
Viaggio	Travel

Autunno
Autumnus

Castagne	Castaneae
Clima	Caeli
Equinozio	Aequinoctium
Festival	Festum
Frutteto	Orchard
Gelo	Gelu
Ghianda	Frugibus,
Incendi	Ignes
Mele	Poma
Mesi	Menses
Meteo	Tempestas
Migrazione	Migratio
Natura	Natura
Stagionale	Adipiscing

Avventura
Casus

Amici	Amicis
Attività	Actio
Bellezza	Pulchritudo
Caso	Forte
Coraggio	Virtute
Difficoltà	Difficultas
Entusiasmo	Studium
Escursione	Peregrinandum
Gioia	Gaudium
Insolito	Insolita
Itinerario	Itinerarium
Natura	Natura
Navigazione	Navigationem
Nuovo	Novum
Opportunità	Occasionem
Pericoloso	Periculosum
Preparazione	Praeparatio
Sicurezza	Salutem
Sorprendente	Mirum

Balletto
Talarium

Abilità	Arte
Artistico	Artis
Assolo	Solo
Ballerini	Saltatores
Compositore	Compositor
Coreografia	Choreography
Espressivo	Expressivum
Gesto	Gestu
Grazioso	Decorum
Intensità	Intensionem
Lezioni	Lectiones
Muscoli	Musculi
Musica	Musica
Orchestra	Orchestra
Pratica	Usu
Prova	Recensendum
Pubblico	Auditores
Ritmo	Numero
Stile	Style
Tecnica	Ars

Barbecue
Barbecues

Amici	Amicis
Bambini	Filii
Caldo	Calidum
Cena	Prandium
Cibo	Cibum
Cipolle	Cepe
Estate	Aestate
Fame	Fames
Famiglia	Familia
Frutta	Fructus
Giochi	Ludos
Griglia	Craticulam
Insalate	Potenti
Musica	Musica
Pepe	Piper
Pollo	Pullum
Pomodori	Tomatoes
Sale	Sal
Salsa	Condimentum
Verdure	Legumina

Campeggio
Castra

Alberi	Arbores
Amaca	Hammock
Animali	Animalia
Attrezzatura	Apparatu
Avventura	Casus
Bussola	Decima
Cabina	Cameram
Caccia	Venatione
Canoa	Linter
Cappello	Hat
Corda	Funem
Foresta	Silva
Fuoco	Ignis
Insetto	Insect
Lago	Lacus
Luna	Luna
Mappa	Map
Montagna	Montem
Natura	Natura
Tenda	Tabernaculum

Campionato
Vindiciae

Allenatore	Raeda
Campionato	Vindiciae
Campione	Fortissimus
Finalista	Finalist
Giochi	Ludos
Giudice	Iudex
Medaglia	Numisma
Motivazione	Causam
Prestazione	Euismod
Resistenza	Patientia
Sportivo	Ludis
Squadra	Dolor
Strategia	Consilio
Sudore	Sudor
Torneo	Torneamentum
Vittoria	Victoria

Casa
Domus

Attico	Attica
Bagno	Balneo
Biblioteca	Library
Camera	Locus
Camino	Foco
Chiavi	Claves
Cucina	Vestibulum
Doccia	Imber
Finestra	Fenestra
Garage	Garage
Giardino	Hortus
Lampada	Lucerna
Parete	Murum
Pavimento	Area
Porta	Ostium
Recinto	Sepem
Scopa	Genistae
Soffitto	Laquearia
Specchio	Speculum
Tetto	Tectum

Castelli
Castella

Armatura	Arma
Catapulta	Catapult
Cavaliere	Eques
Cavallo	Equus
Corona	Coronam
Dinastia	Dynastia
Drago	Draco
Feudale	Feudal
Fortezza	Arce
Impero	Imperium
Nobile	Nobilis
Palazzo	Palatium
Parete	Murum
Principe	Principe
Principessa	Principem
Regno	Regnum
Scudo	Scutum
Spada	Gladium
Torre	Turris
Unicorno	Unicornis

Cibo #1
Cibum #1

Aglio	Allium
Avocado	Avocado
Basilico	Basilius
Carne	Cibum
Carota	Daucus
Cipolla	Cepa
Fragola	Fragum
Insalata	Sem
Latte	Lac
Limone	Lemon
Menta	Mint
Orzo	Hordeum
Pera	Pirum
Rapa	Rapa
Sale	Sal
Spinaci	Spinach
Succo	Sucus
Tonno	Tuna
Torta	Massae
Zucchero	Sugar

Cibo #2
Cibum #2

Asparago	Asparagus
Broccolo	Algentem
Carciofo	Cactus
Ciliegia	Cerasus
Cioccolato	Scelerisque
Formaggio	Caseus
Fungo	Fungorum
Grano	Triticum
Kiwi	Kiwi
Mela	Apple
Melanzana	Eggplant
Pane	Panem
Pesce	Pisces
Pollo	Pullum
Prosciutto	Ham
Riso	Rice
Sedano	Apium
Uovo	Ovum
Uva	Uva
Yogurt	Yogurt

Cioccolato
Scelerisque

Amaro	Amara
Antiossidante	Antioxidant
Artigianale	Artisanal
Brama	Appetitus
Calorie	Adipiscing
Delizioso	Delectamentum
Dolce	Dulcis
Esotico	Exotic
Gusto	Gustus
Ingrediente	Ingrediens
Noce di Cocco	Dolor
Polvere	Pulveris
Preferito	Ventus
Qualità	Qualitas
Ricetta	Consequat
Zucchero	Sugar

Circo
Circo

Acrobata	Acrobat
Animali	Animalia
Biglietto	Aliquam
Costume	Habitu
Elefante	Elephantis
Giocoliere	Juggler
Leone	Leo
Magia	Magia
Mago	Magus
Mostrare	Ostende
Musica	Musica
Palloncini	Balloons
Parata	Pompam
Scimmia	Simia
Spettatore	Spectator
Tenda	Tabernaculum
Tigre	Tiger
Trucco	Dolum

Città
Oppidum

Aeroporto	Elit
Banca	Ripam
Biblioteca	Library
Clinica	Eget
Farmacia	Atqui
Fiorista	Florist
Galleria	Gallery
Hotel	Hotel
Libreria	Bookstore
Museo	Museum
Negozio	Store
Panetteria	Pistrinum
Ristorante	Amet
Scuola	Schola
Stadio	Stadium
Supermercato	Forum
Teatro	Theatrum
Università	University
Zoo	Exo

Colori
Colores

Arancia	Rhoncus
Azzurro	Caerulus
Beige	Beige
Bianco	Albus
Blu	Blue
Cremisi	Purpureo
Fucsia	Fuchsia
Giallo	Flavum
Grigio	Grey
Marrone	Brown
Nero	Nigrum
Rosa	Pink
Rosso	Red
Verde	Viridis
Viola	Purpura

Compleanno
Natalis

Amici	Amicis
Anno	Anno
Calendario	Calendar
Candele	Candelas
Canzone	Canticum
Celebrazione	Celebratio
Felice	Beatus
Gioioso	Laeta
Giorno	Die
Giovane	Iuvenes
Grande	Magna
Inviti	Invitare
Nato	Natus
Partito	Pars
Regalo	Donum
Ricordi	Memoria
Saggezza	Sapientia
Speciale	Specialis
Tempo	Tempus
Torta	Massae

Conservazione
Conservationem

Acqua	Aqua
Ambientale	Aliquam
Cambiamenti	Mutationes
Ciclo	Cursus
Clima	Caeli
Ecosistema	Ecosystem
Educazione	Education
Habitat	Habitat
Inquinamento	Pollutio
Naturale	Naturalis
Organico	Organic
Pesticida	Pesticide
Preoccupazione	Cura
Ridurre	Reducere
Salute	Salutem
Sostenibile	Nullam
Verde	Viridis

Corpo Umano
Corpus Humanum

Bocca	Ore
Caviglia	Tarso
Cervello	Cerebrum
Collo	Collum
Cuore	Cor
Dito	Digitus
Faccia	Faciem
Gamba	Crus
Ginocchio	Genu
Gomito	Cubitus
Mano	Manu
Mento	Mentum
Naso	Naribus
Occhio	Oculus
Orecchio	Auris
Pelle	Cutis
Sangue	Sanguinem
Spalla	Humerum
Stomaco	Stomachum
Testa	Caput

Cucina
Vestibulum

Bacchette	Chopsticks
Bollitore	Lebete
Brocca	Hydria
Cibo	Cibum
Ciotola	Crater
Congelatore	Mauris
Cucchiai	Scyphos
Forchette	Tridentes
Forno	Clibano
Frigorifero	Leo
Griglia	Craticulam
Mestolo	Hauriatur
Ricetta	Consequat
Spezie	Aromata
Spugna	Spongia
Tazze	Pocula
Tovagliolo	Sudario

Danza
Chorus

Accademia	Academiae
Arte	Es
Classico	Classical
Compagno	Socium
Coreografia	Choreography
Corpo	Corpus
Cultura	Cultura
Culturale	Culturae
Emozione	Affectus
Espressivo	Expressivum
Gioioso	Laeta
Grazia	Gratia
Movimento	Motus
Musica	Musica
Postura	Staturam
Prova	Recensendum
Ritmo	Numero
Tradizionale	Traditum
Visivo	Visual

Dinosauri
Dinosaurs

Ali	Alis
Coda	Cauda
Enorme	Ingens
Erbivoro	Herbivore
Evoluzione	Praegressus
Grande	Magna
Mammut	Mammoth
Onnivoro	Omnivore
Potente	Potens
Preistorico	Prehistoric
Rettile	Reptile
Scomparsa	Ablatione
Specie	Species
Taglia	Magnitudine
Terra	Terra
Vizioso	Vitiosus

Discipline Scientifiche
Scientifica Disciplinis

Anatomia	Anatomia
Archeologia	Antiquitatis
Astronomia	Astronomia
Biochimica	Biochemistry
Biologia	Biology
Botanica	Botanicam
Chimica	Chemia
Ecologia	Oecologia
Fisiologia	Physiology
Geologia	Nederlandicae
Immunologia	Immunology
Linguistica	Grammatica
Meccanica	Mechanica
Meteorologia	Meteorology
Mineralogia	Mineralogy
Neurologia	Neurology
Nutrizione	Nutritionem
Psicologia	Duis
Sociologia	Sociologiae
Zoologia	Zoologicam

Ecologia
Oecologia

Clima	Caeli
Comunità	Communitates
Diversità	Diversitas
Flora	Flora
Habitat	Habitat
Marino	Marine
Montagne	Montes
Natura	Natura
Naturale	Naturalis
Palude	Paludem
Piante	Plantis
Risorse	Opes
Siccità	Siccitate
Sopravvivenza	Salutem
Sostenibile	Nullam
Specie	Species
Varietà	Varietate
Vegetazione	Virentia
Volontari	Voluntariis

Edifici
Aedificia

Ambasciata	Legationem
Appartamento	Duis
Cabina	Cameram
Castello	Castrum
Fabbrica	Factory
Fattoria	Farm
Fienile	Horreum
Hotel	Hotel
Laboratorio	Nulla
Museo	Museum
Ospedale	Hospitalis
Osservatorio	Observatorium
Ostello	Hospicio
Scuola	Schola
Stadio	Stadium
Supermercato	Forum
Teatro	Theatrum
Tenda	Tabernaculum
Torre	Turris
Università	University

Emozioni
Affectus

Amore	Amor
Calma	Tranquillitas
Eccitato	Excitatur
Gentilezza	Misericordiam
Gioia	Gaudium
Grato	Gratum
Imbarazzato	Onerosa
Noia	Taedium
Pace	Pacem
Paura	Metus
Rabbia	Ira
Rilassato	Remissum
Simpatia	Sympathia
Soddisfatto	Satis
Sorpresa	Mirum
Tenerezza	Teneritudinem
Tristezza	Tristitia

Erboristeria
Herbalism

Aglio	Allium
Aneto	Anethum
Aromatico	Aromaticum
Basilico	Basilius
Culinario	Culinary
Dragoncello	Tarragon
Finocchio	Faeniculi
Fiore	Flos
Giardino	Hortus
Ingrediente	Ingrediens
Lavanda	Casia
Maggiorana	Origani
Menta	Mint
Origano	Origanum
Prezzemolo	Petroselinum
Qualità	Qualitas
Rosmarino	Rosmarinus
Timo	Thymum
Verde	Viridis
Zafferano	Crocus

Escursionismo
Hiking

Acqua	Aqua
Animali	Animalia
Campeggio	Castra
Clima	Caeli
Guide	Duces
Mappa	Map
Meteo	Tempestas
Montagna	Montem
Natura	Natura
Orientamento	Orientation
Parchi	Parcis
Pesante	Gravis
Pietre	Lapides
Preparazione	Praeparatio
Selvaggio	Fera
Sole	Sol
Stanco	Lassus
Stivali	Tabernus
Vertice	Culmen

Esplorazione
Explorationem

Animali	Animalia
Attività	Actio
Coraggio	Animus
Culture	Cultus
Determinazione	Determinatio
Eccitazione	Tumultus
Lingua	Lingua
Nuovo	Novum
Per Imparare	Discere
Sconosciuto	Ignotum
Scoperta	Inventio
Selvaggio	Fera
Spazio	Spatium
Viaggio	Travel

Estate
Aestate

Amici	Amicis
Campeggio	Castra
Casa	Domum
Cibo	Cibum
Famiglia	Familia
Giardino	Hortus
Giochi	Ludos
Gioia	Gaudium
Mare	Mare
Musica	Musica
Ricordi	Memoria
Rilassamento	Consequat
Sandali	Sandalia
Spiaggia	Beach
Stelle	Sidera
Tempo Libero	Otium
Viaggio	Travel

Famiglia
Familia

Antenato	Ancestor
Bambini	Filii
Bambino	Puer
Cugino	Cognata
Figlia	Filia
Fratello	Frater
Gemelli	Gemini
Infanzia	Pueritia
Madre	Mater
Marito	Vir
Materno	Materno
Moglie	Uxor
Nipote	Nepos
Nonna	Avia
Nonno	Avus
Padre	Pater
Paterno	Paterni
Sorella	Soror
Zia	Matertera
Zio	Patruus

Fantascienza
Scientia Ficta

Atomico	Atomicus
Distopia	Dystopia
Esplosione	Crepitus
Estremo	Extrema
Fantastico	Suspendisse
Fuoco	Ignis
Futuristico	Futuristic
Galassia	Galaxia
Illusione	Illusio
Immaginario	Imaginaria
Misterioso	Arcanum
Mondo	Mundi
Oracolo	Oraculum
Pianeta	Planeta
Romanzi	Conscripserit
Tecnologia	Nulla
Utopia	Utopia

Fattoria #1
Farm #1

Acqua	Aqua
Agricoltura	Agricultura
Ape	Apis
Asino	Asinus
Campo	Agro
Cane	Canis
Capra	Hircum
Cavallo	Equus
Fertilizzante	Stercorat
Fieno	Hay
Gatto	Felis
Gregge	Gregem
Miele	Mel
Mucca	Bos
Pollo	Pullum
Recinto	Sepem
Riso	Rice
Semi	Semina
Terra	Terra
Vitello	Vitulum

Fattoria #2
Farm #2

Agnello	Agnus
Agricoltore	Agricola
Anatra	Anatis
Animali	Animalia
Cibo	Cibum
Fienile	Horreum
Frutta	Fructus
Frutteto	Orchard
Grano	Triticum
Irrigazione	Irrigationes
Lama	Llama
Latte	Lac
Mais	Frumentum
Maturo	Matura
Mulino a Vento	Windmill
Orzo	Hordeum
Pecora	Oves
Prato	Prati
Trattore	Tractor
Verdura	Vegetabilis

Fiori
Flores

Dente di Leone	Taraxacum
Gardenia	Gardenia
Gelsomino	Aenean
Giglio	Lilium
Girasole	Helianthus
Ibisco	Hibisco
Lavanda	Casia
Magnolia	Magnolia
Margherita	Daisy
Mazzo	Flos
Narciso	Narcissus
Orchidea	Orchid
Papavero	Papaver
Passiflora	Passionflower
Peonia	Aglaophotis
Petalo	Petalorum
Plumeria	Plumeria
Rosa	Rosa
Trifoglio	Trifolium
Tulipano	Tulipa

Foresta Pluviale
Rainforest

Anfibi	Amphibia
Botanico	Botanica
Clima	Caeli
Comunità	Communitas
Diversità	Diversitas
Giungla	Truncatis
Insetti	Insecta
Mammiferi	Nullam
Muschio	Muscus
Natura	Natura
Nuvole	Nubes
Prezioso	Pretiosum
Restauro	Restitutionem
Rifugio	Refugium
Rispetto	Quantum
Sopravvivenza	Salutem
Specie	Species
Uccelli	Aves

Forme
Figuris

Angolo	Angulo
Arco	Arc
Bordi	Oras
Cerchio	Circulus
Cilindro	Cylindro
Cono	Coni
Cubo	Cubus
Curva	Curva
Ellisse	Ellipsi
Lato	Parte
Linea	Linea
Ovale	Oval
Piramide	Pyramidis
Poligono	Polygonum
Prisma	Prisma
Quadrato	Quadratum
Rettangolo	Rectangulum
Rotondo	Circum
Sfera	Sphaera
Triangolo	Triangulum

Forniture Artistiche
Artis Commeatibus

Acqua	Aqua
Acquerelli	Watercolors
Acrilico	Donec
Argilla	Lutum
Carbone	Carbones
Carta	Charta
Cavalletto	Otium
Colla	Gluten
Colori	Colores
Creatività	Glossarium
Gomma	Deleo
Inchiostro	Atramentum
Matite	Penicilli
Olio	Oleum
Sedia	Cathedra
Spazzole	Perterget
Tavolo	Mensam
Telecamera	Camera

Frutta
Fructus

Ananas	Pineapple
Arancia	Rhoncus
Avocado	Avocado
Bacca	Berry
Cachi	Persimmon
Ciliegia	Cerasus
Fico	Ficus
Kiwi	Kiwi
Lampone	Rubus Idaeus
Limone	Lemon
Mango	Mango
Mela	Apple
Melone	Cucumis
Mora	Etiam
Nettarina	Nectarine
Papaia	Papaya
Pera	Pirum
Pesca	Persicum
Prugna	Pruno
Uva	Uva

Gentilezza
Misericordiam

Affidabile	Certa
Amichevole	Amica
Amorevole	Amare
Attento	Intende
Comprensione	Intellectus
Dolce	Mitis
Felice	Beatus
Generoso	Liberalis
Genuino	Verum
Onesto	Amet
Ospitale	Hospitalem
Paziente	Patiens
Ricettivo	Receptiva
Rispettoso	Reverentior
Utile	Benevolens

Geografia
Geographia

Altitudine	Altitudo
Atlante	Atlas
Città	Urbem
Continente	Continens
Emisfero	Hemisphaerio
Fiume	Flumen
Isola	Insula
Latitudine	Latitudo
Longitudine	Longitudinis
Mappa	Map
Mare	Mare
Meridiano	Meridianus
Mondo	Mundi
Montagna	Montem
Nord	North
Ovest	West
Paese	Patria
Regione	Regione
Sud	Meridiem
Territorio	Territorio

Geologia
Nederlandicae

Acido	Acidum
Altopiano	Plateau
Calcio	Calcium
Caverna	Specus
Continente	Continens
Corallo	Coral
Cristalli	Crystals
Erosione	Exesa
Fossile	Fossile
Geyser	Geyser
Lava	Lava
Minerali	Mineralibus
Pietra	Stone
Quarzo	Quartz
Sale	Sal
Stalagmiti	Stalagmites
Stalattite	Stalactite
Strato	Accumsan
Terremoto	Terraemotus
Vulcano	Volcano

Giardino
Hortus

Albero	Arbor
Amaca	Hammock
Cespuglio	Bush
Erba	Herba
Erbacce	Zizania
Fiore	Flos
Frutteto	Orchard
Garage	Garage
Giardino	Hortus
Pala	Rutrum
Panca	Banco
Rastrello	Sarculum
Recinto	Sepem
Rocce	Saxa
Stagno	Eget
Suolo	Solo
Terrazza	Xystum
Trampolino	Trampoline
Tubo	Hose
Vite	Vitis

Giocattoli
Nugas

Aereo	Vivamus
Aquilone	Milvus
Argilla	Lutum
Artigianato	Artes
Auto	Car
Bambola	Pupa
Barca	Navi
Batteria	Tympana
Camion	Dolor
Giochi	Ludos
Immaginazione	Imaginatio
Palla	Pila
Preferito	Ventus
Puzzle	Puzzle
Robot	Robot
Scacchi	Latrunculorum
Treno	Comitatu

Giorni e Mesi
Diebus et Mensibus

Agosto	August
Anno	Anno
Aprile	Aprilis
Calendario	Calendar
Dicembre	December
Domenica	Dominica
Febbraio	February
Gennaio	January
Giugno	June
Luglio	July
Lunedì	Monday
Martedì	Martis
Mercoledì	Wednesday
Mese	Mense
Novembre	November
Ottobre	Aliquam
Sabato	Saturday
Settembre	September
Settimana	Septimana
Venerdì	Veneris

Guida
Pulsis

Attenzione	Caute
Auto	Car
Carburante	Esca
Freni	Dumeta
Garage	Garage
Gas	Vestibulum
Incidente	Accidens
Licenza	Licentia
Mappa	Map
Moto	Motorcycle
Motore	Motor
Pedonale	Pedestrem
Pericolo	Periculum
Polizia	At
Sicurezza	Salutem
Strada	Via
Traffico	Aenean
Trasporto	Nulla
Tunnel	Cuniculum
Velocità	Celeritate

Imbarcazioni
Navibus

Ancora	Anchor
Barca a Vela	Navis
Boa	Sustineo
Canoa	Linter
Corda	Funem
Dock	Gregem
Equipaggio	Cantavit
Fiume	Flumen
Kayak	Kayak
Lago	Lacus
Mare	Mare
Marea	Aestus
Marinaio	Nauta
Motore	Engine
Nautico	Nauticis
Oceano	Oceanum
Onde	Fluctus
Traghetto	Porttitor
Yacht	Yacht
Zattera	Ratis

Insetti
Insecta

Afide	Aphid
Ape	Apis
Cavalletta	Grillus
Cicala	Cicada
Coccinella	Ladybug
Coleottero	Beetle
Falena	Tinea
Farfalla	Papilio
Formica	Ant
Larva	Uterus
Libellula	Dragonfly
Locusta	Locusta
Mantide	Mantis
Scarafaggio	Blattam
Termite	Termite
Verme	Vermis
Vespa	Wasp
Zanzara	Culex

Letteratura
Litteris

Analisi	Analysis
Analogia	Similitudo
Aneddoto	Fabella
Autore	Auctor
Biografia	Vita
Conclusione	Conclusio
Confronto	Comparatione
Descrizione	Description
Dialogo	Dialogus
Genere	Genus
Metafora	Metaphora
Opinione	Sententia
Poesia	Carmen
Poetico	Poetica
Rima	Concordare
Ritmo	Numero
Romanzo	Nove
Stile	Style
Tema	Argumentum
Tragedia	Tragoedia

Libri
Books

Autore	Auctor
Avventura	Casus
Carattere	Moribus
Collezione	Collectio
Contesto	Context
Dualità	Dualitatem
Inventivo	Ingeniosus
Letterario	Litterarum
Lettore	Lector
Pagina	Page
Parole	Verba
Poesia	Carmina
Rilevante	Pertinet
Romanzo	Nove
Scritto	Scriptum
Serie	Series
Storia	Fabula
Storico	Historica
Tragico	Tragici
Umoristico	Hujusmodi

Mammiferi
Nullam

Balena	Balena
Cane	Canis
Canguro	Macropus
Cavallo	Equus
Cervo	Cervus
Coniglio	Lepus
Coyote	Coyote
Delfino	Delphini
Elefante	Elephantis
Gatto	Felis
Giraffa	Panthera
Gorilla	Orci
Leone	Leo
Lupo	Lupus
Orso	Ursus
Pecora	Oves
Scimmia	Simia
Toro	Taurus
Volpe	Vulpes
Zebra	Zebra

Matematica
Math

Angoli	Anguli
Aritmetica	Arithmetica
Decimale	Decimales
Diametro	Diam
Divisione	Divisio
Equazione	Aequatio
Esponente	Exponent
Frazione	Fractio
Geometria	Geometria
Numeri	Numeri
Parallelo	Parallela
Perimetro	Perimeter
Poligono	Polygonum
Quadrato	Quadratum
Raggio	Radius
Rettangolo	Rectangulum
Sfera	Sphaera
Simmetria	Praeditis
Somma	Summa
Triangolo	Triangulum

Meditazione
Meditatio

Accettazione	Acceptio
Attenzione	Operam
Calma	Tranquillitas
Chiarezza	Claritas
Compassione	Misericordia
Emozioni	Affectus
Gentilezza	Misericordiam
Gratitudine	Gratia
Mentale	Mentis
Mente	Mens
Movimento	Motus
Musica	Musica
Natura	Natura
Osservazione	Observatione
Pace	Pacem
Pensieri	Cogitationes
Postura	Staturam
Prospettiva	Prospectum
Respirazione	Spirans
Silenzio	Silentium

Meteo
Tempestas

Arcobaleno	Mauris
Asciutto	Siccum
Atmosfera	Aeris
Brezza	Aura
Cielo	Caelum
Clima	Caeli
Fulmine	Fulgur
Ghiaccio	Ice
Monsone	Etesia
Nebbia	Caligo
Nube	Nubes
Polare	Polar
Siccità	Siccitate
Temperatura	Tortor
Tempesta	Tempestas
Tornado	Turbo
Tropicale	Tropical
Tuono	Tonitrua
Uragano	Procellae
Vento	Ventus

Misurazioni
Mensurae

Altezza	Altitudo
Byte	Byte
Centimetro	Centimeter
Chilogrammo	Kilogram
Chilometro	Kilometer
Decimale	Decimales
Grado	Gradus
Grammo	Gram
Larghezza	Latitudo
Litro	Liter
Lunghezza	Longitudo
Massa	Massa
Metro	Metri
Minuto	Minutis
Oncia	Unciam
Peso	Pondus
Pinta	Sextarium
Pollice	Inch
Profondità	Profundum
Tonnellata	Ton

Mitologia
Fabularis

Archetipo	Archetypum
Comportamento	Moribus
Creatura	Creatura
Credenze	Opiniones
Cultura	Cultura
Disastro	Cladis
Eroe	Heros
Forza	Fortitudo
Fulmine	Fulgur
Gelosia	Zelus
Guerriero	Bellator
Labirinto	Labyrinthus
Leggenda	Legend
Magico	Magicalis
Mortale	Mortale
Mostro	Monstrum
Paradiso	Caelum
Trionfante	Triumphantes
Tuono	Tonitrua
Vendetta	Vindictam

Natura
Natura

Animali	Animalia
Api	Apes
Artico	Arctic
Bellezza	Pulchritudo
Deserto	Deserto
Dinamico	Suscipit
Erosione	Exesa
Fiume	Flumen
Fogliame	Fronde
Foresta	Silva
Ghiacciaio	Glacier
Montagne	Montes
Nebbia	Caligo
Nuvole	Nubes
Santuario	Sanctuarium
Scogliere	Rupes
Selvaggio	Fera
Sereno	Serena
Tropicale	Tropical
Vitale	Vitalis

Numeri
Numeri

Cinque	Quinque
Decimale	Decimales
Diciannove	Undeviginti
Diciassette	Septemdecim
Diciotto	Decem et Octo
Dieci	Decem
Dodici	Duodecim
Due	Duo
Nove	Novem
Otto	Octo
Quattordici	Quattuordecim
Quattro	Quattuor
Quindici	Quindecim
Sedici	Sedecim
Sei	Sex
Sette	Septem
Tre	Tres
Tredici	Tredecim
Venti	Viginti
Zero	Nulla

Nutrizione
Nutritionem

Amaro	Amara
Appetito	Appetitus
Bilanciato	Libratum
Calorie	Adipiscing
Carboidrati	Carbohydrates
Commestibile	Edulis
Dieta	Diet
Digestione	Concoctionem
Fermentazione	Fermentum
Liquidi	Liquores
Nutriente	Cibus
Peso	Pondus
Proteine	Servo
Qualità	Qualitas
Salsa	Condimentum
Salute	Salutem
Sano	Sanus
Spezie	Aromata
Tossina	Toxin
Vitamina	Vitaminum

Oceano
Oceanum

Anguilla	Anguilla
Balena	Balena
Barca	Navi
Corallo	Coral
Delfino	Delphini
Gamberetto	Squilla
Granchio	Cancer
Maree	Aestus
Medusa	Jellyfish
Onde	Fluctus
Ostrica	Ostrea
Pesce	Pisces
Polpo	Polypus
Sale	Sal
Scogliera	Reef
Spugna	Spongia
Squalo	Shark
Tartaruga	Turtur
Tempesta	Tempestas
Tonno	Tuna

Paesaggi
Donec

Cascata	Cataracta
Collina	Hill
Deserto	Deserto
Fiume	Flumen
Geyser	Geyser
Ghiacciaio	Glacier
Grotta	Cave
Iceberg	Iceberg
Isola	Insula
Lago	Lacus
Mare	Mare
Montagna	Montem
Oasi	Oasis
Oceano	Oceanum
Palude	Palus
Penisola	Peninsula
Spiaggia	Beach
Tundra	Tundra
Valle	Convallis
Vulcano	Volcano

Paesi #2
Regionibus #2

Albania	Albania
Danimarca	Daniae
Etiopia	Aethiopia
Giamaica	Jamaica
Giappone	Japan
Grecia	Graecia
Haiti	Haitia
Indonesia	Indonesia
Irlanda	Hibernia
Laos	Laos
Liberia	Liberia
Messico	Mexico
Nepal	Nepal
Nigeria	Nigeria
Russia	Russia
Siria	Syria
Somalia	Somalia
Sudan	Sudania
Ucraina	Ucraina
Uganda	Uganda

Pesca
Piscandi

Acqua	Aqua
Attrezzatura	Apparatu
Barca	Navi
Branchie	Branchias
Cesto	Canistrum
Cucinare	Coques
Esagerazione	Augendo
Esca	Esca
Filo	Filum
Fiume	Flumen
Gancio	Hamo
Lago	Lacus
Mascella	Maxilla
Oceano	Oceanum
Pazienza	Patientia
Peso	Pondus
Spiaggia	Beach
Stagione	Temporum

Piante
Plantis

Albero	Arbor
Bacca	Berry
Bambù	Bamboo
Botanica	Botanicam
Cactus	Cactus
Cespuglio	Bush
Crescere	Crescere
Edera	Hedera
Erba	Herba
Fagiolo	Bean
Fertilizzante	Stercorat
Fiore	Flos
Flora	Flora
Fogliame	Fronde
Foresta	Silva
Giardino	Hortus
Muschio	Muscus
Petalo	Petalorum
Radice	Radix
Vegetazione	Virentia

Pirati
Piratae

Ancora	Anchor
Avventura	Casus
Bandiera	Vexillum
Bussola	Decima
Capitano	Captain
Cattivo	Malum
Cicatrice	Cicatrix
Equipaggio	Cantavit
Grotta	Cave
Isola	Insula
Leggenda	Legend
Mappa	Map
Monete	Coins
Oro	Aurum
Pappagallo	Psittacus
Pericolo	Periculum
Rum	Rum
Spada	Gladium
Spiaggia	Beach
Tesoro	Thesaurus

Professioni #1
Professionibus #1

Allenatore	Raeda
Ambasciatore	Legatus
Artista	Artifex
Astronomo	Astrologus
Avvocato	Attornatum
Ballerino	Saltator
Banchiere	Remi
Cacciatore	Venator
Cartografo	Cartographer
Editore	Editor
Farmacista	Pharmacist
Geologo	Geologist
Gioielliere	Jeweler
Idraulico	Plumbarius
Infermiera	Nutrix
Musicista	Musicus
Pianista	The
Psicologo	Psychologist
Scienziato	Scientist
Veterinario	Veterinarius

Professioni #2
Professionibus #2

Agricoltore	Agricola
Astronauta	Astronaut
Biologo	Biologist
Dentista	Dentist
Detective	Inquisitor
Filosofo	Philosophus
Fotografo	Pretium
Giardiniere	Hortulanus
Giornalista	Wisi
Illustratore	Illustrrator
Ingegnere	Engineer
Insegnante	Magister
Inventore	Inventor
Investigatore	Investigator
Linguista	Linguist
Medico	Medicus
Pilota	Gubernator
Pittore	Pictor
Ricercatore	Inquisitorem
Zoologo	Zoologist

Riempire
Implere

Bacino	Labrum
Barile	Dolium
Borsa	Bag
Bottiglia	Utrem
Busta	Involucrum
Cartella	Folder
Cassetto	Perscriptorem
Cesto	Canistrum
Nave	Vas
Pacchetto	Fasciculus
Secchio	Situla
Tasca	Sinu
Tubo	Tube
Valigia	Vidulus
Vaso	Vase

Ristorante #2
Restaurant #2

Acqua	Aqua
Cena	Prandium
Cucchiaio	Cochleari
Delizioso	Delectamentum
Forchetta	Furca
Frutta	Fructus
Ghiaccio	Ice
Insalata	Sem
Minestra	Elit
Pesce	Pisces
Sale	Sal
Sedia	Cathedra
Spezie	Aromata
Torta	Massae
Uova	Ova
Verdure	Legumina

Scacchi
Latrunculorum

Avversario	Adversarius
Bianco	Albus
Campione	Fortissimus
Concorso	Certamen
Diagonale	Diameter
Giocatore	Ludio Ludius
Gioco	Ludum
Nero	Nigrum
Passivo	Passiva
Per Imparare	Discere
Punti	Puncta
Re	Rex
Regina	Regina
Regole	Praecepta
Sacrificio	Sacrificium
Strategia	Consilio
Tempo	Tempus
Torneo	Torneamentum

Scienza
Scientia

Atomo	Atom
Chimico	Eget
Clima	Caeli
Dati	Data
Esperimento	Experimentum
Evoluzione	Praegressus
Fatto	Eo
Fisica	Physica
Fossile	Fossile
Gravità	Gravitatis
Ipotesi	Rum
Laboratorio	Nulla
Metodo	Modus
Minerali	Mineralibus
Molecole	Moleculis
Natura	Natura
Osservazione	Observatione
Particelle	Particulis
Piante	Plantis
Scienziato	Scientist

Scuola #1
School #1

Alfabeto	Alphabeti
Amici	Amicis
Aula	Elit
Biblioteca	Library
Carta	Charta
Cartelle	Folders
Esami	Volutpat
Insegnante	Magister
Marcatori	Venalicium
Matita	Graphium
Numeri	Numeri
Penne	Calami
Per Imparare	Discere
Pranzo	Prandium
Risposte	Respondet
Sedia	Cathedra

Scuola #2
School #2

Accademico	Academica
Apprendimento	Cognita
Biblioteca	Library
Calendario	Calendar
Carta	Charta
Computer	Eu
Dizionario	Dictionary
Educazione	Education
Forbici	Axicia
Forniture	Commeatus
Giochi	Ludos
Grammatica	Grammatica
Insegnante	Magister
Letteratura	Litteris
Lettura	Lectio
Matita	Graphium
Scarpe	Calceamenta
Scienza	Scientia
Scrittura	Scriptum
Zaino	Mantica

Spezie
Aromata

Acido	Acidum
Aglio	Allium
Amaro	Amara
Anice	Anethum
Cardamomo	Amomum
Cipolla	Cepa
Coriandolo	Coriandri
Curry	Curry
Dolce	Dulcis
Finocchio	Faeniculi
Gusto	Saporem
Liquirizia	Liquiritiae
Noce Moscata	Nutmeg
Paprika	Paprika
Pepe	Piper
Peperoncino	Purus
Sale	Sal
Vaniglia	Vanilla
Zafferano	Crocus
Zenzero	Gingiber

Spiaggia
Beach

Asciugamano	Linteum
Barca	Navi
Barca a Vela	Navis
Blu	Blue
Costa	Ora
Dock	Gregem
Granchio	Cancer
Isola	Insula
Laguna	Lacuna
Mare	Mare
Oceano	Oceanum
Ombrello	Umbrella
Sabbia	Harena
Sandali	Sandalia
Scogliera	Reef
Sole	Sol

Sport
Ludis

Allenatore	Raeda
Arbitro	Referendarius
Atleta	Athleta
Baseball	Baseball
Basket	Ultrices
Campionato	Vindiciae
Ginnastica	Gymnasticae
Giocatore	Ludio Ludius
Gioco	Ludum
Golf	Golf
Hockey	Consectetuer
Movimento	Motus
Palestra	Gymnasium
Squadra	Dolor
Stadio	Stadium
Tennis	Tristique
Vincitore	Victor

Strumenti
Instrumenta

Ascia	Securis
Cavo	Mauris
Colla	Gluten
Corda	Funem
Cucitrice	Ipsum
Forbici	Axicia
Maglio	Malleo
Martello	Malleus
Pala	Rutrum
Pinze	Pliers
Rasoio	Novacula
Righello	Princeps
Ruota	Rota
Scala	Scalam
Torcia	Facem
Vite	Stupra

Strumenti Musicali
Organis

Armonica	Harmonica
Banjo	Banjo
Carillon	Pleni
Chitarra	Cithara
Clarinetto	Tibiae
Fagotto	Bassoon
Flauto	Tibia
Gong	Gong
Mandolino	Mandolin
Oboe	Sonata
Percussione	Percussus
Pianoforte	Piano
Sassofono	Saxophone
Tamburello	Tympanum
Tromba	Tuba
Trombone	Trombone
Violino	Vitae
Violoncello	Cello

Surf
Superficies

Atleta	Athleta
Campione	Fortissimus
Estremo	Extrema
Folla	Turbas
Forza	Fortitudo
Meteo	Tempestas
Oceano	Oceanum
Onda	Unda
Pagaia	Remus
Popolare	Popularis
Principiante	Inceptos
Schiuma	Spuma
Scogliera	Reef
Spiaggia	Beach
Stile	Style
Stomaco	Stomachum
Velocità	Celeritate

Tecnologia
Nulla

Browser	Pasco
Computer	Eu
Cursore	Cursor
Dati	Data
Digitale	Digital
File	File
Internet	Internet
Messaggio	Nuntius
Ricerca	Research
Schermo	Screen
Sicurezza	Securitatem
Software	Software
Telecamera	Camera
Virtuale	Rectum
Virus	Virus

Tempo
Tempus

Anno	Anno
Annuale	Annua
Calendario	Calendar
Decennio	Decennium
Dopo	Post
Futuro	Futurum
Giorno	Die
Ieri	Heri
Mattina	Mane
Mese	Mense
Mezzogiorno	Meridies
Minuto	Minutis
Notte	Nocte
Oggi	Hodie
Ora	Hora
Orologio	Horologium
Presto	Mox
Prima	Ante
Secolo	Century
Settimana	Septimana

Tipi di Capelli
Genera Capillos

Argento	Argentum
Asciutto	Siccum
Bianco	Albus
Biondo	Flavis
Breve	Denique
Calvo	Calvus
Colorato	Coloratum
Grigio	Gray
Intrecciato	Tortis
Liscio	Lenis
Lucido	Crus
Lungo	Diu
Marrone	Brown
Morbido	Mollis
Nero	Nigrum
Riccio	Crispus
Riccioli	Cincinnis
Sano	Sanus
Sottile	Tenuis
Spessore	Crassus

Uccelli
Aves

Airone	Heron
Anatra	Anatis
Aquila	Aquila
Cicogna	Ciconia
Cigno	Swan
Colomba	Columba
Cuculo	Cuckoo
Falco	Accipiter
Fenicottero	Flamingo
Gabbiano	Gull
Oca	Anserem
Pappagallo	Psittacus
Passero	Passer
Pavone	Pavo
Pellicano	Pelican
Piccione	Columbam
Pollo	Pullum
Struzzo	Struthionem
Tucano	Toucan
Uovo	Ovum

Vacanza #1
Vacation #1

Aereo	Vivamus
Auto	Car
Biglietto	Aliquam
Dogana	Consuetudines
Itinerario	Itinerarium
Lago	Lacus
Museo	Museum
Ombrello	Umbrella
Partenza	Discessum
Rilassamento	Consequat
Spedizione	Expeditione
Tram	Tram
Turismo	Viator
Valigia	Vidulus
Valuta	Monetæ
Zaino	Mantica

Vacanze #2
Vacation #2

Aeroporto	Elit
Campeggio	Castra
Foto	Imagines
Hotel	Hotel
Isola	Insula
Mappa	Map
Mare	Mare
Montagne	Montes
Passaporto	Singraphus
Ristorante	Amet
Spiaggia	Beach
Straniero	Aliena
Taxi	Taxi
Tempo Libero	Otium
Tenda	Tabernaculum
Trasporto	Nulla
Treno	Comitatu
Vacanza	Ferias
Viaggio	Iter
Visto	Visa

Veicoli
Vehicula

Aereo	Vivamus
Ambulanza	Ambulance
Auto	Car
Barca	Navi
Camion	Dolor
Caravan	Comitatum
Elicottero	Helicopter
Metropolitana	Subway
Motore	Motor
Pneumatici	Tires
Razzo	Eruca
Scooter	Scooter
Sottomarino	Submarine
Taxi	Taxi
Traghetto	Porttitor
Trattore	Tractor
Treno	Comitatu
Zattera	Ratis

Verdure
Legumina

Aglio	Allium
Broccolo	Algentem
Carciofo	Cactus
Carota	Daucus
Cavolfiore	Brassica
Cetriolo	Cucumis
Cipolla	Cepa
Fungo	Fungorum
Insalata	Sem
Melanzana	Eggplant
Oliva	Olivae
Pisello	Pisum
Prezzemolo	Petroselinum
Rapa	Rapa
Ravanello	Radicula
Scalogno	Shallot
Sedano	Apium
Spinaci	Spinach
Zenzero	Gingiber
Zucca	Cucurbita

Vestiti
Vestimenta

Abito	Habitu
Braccialetto	Armillam
Calzini	Tibialia
Camicetta	Blouse
Camicia	Shirt
Cappello	Hat
Cappotto	Coat
Cintura	Cingulum
Collana	Monile
Giacca	Jacket
Gonna	Lacinia
Guanti	Caestus
Maglione	Sweater
Moda	More
Pantaloni	Braccae
Pantofole	Soleas
Pigiama	Pajamas
Sandali	Sandalia
Scarpa	Nulla Nec
Sciarpa	Chlamydem

Virtù #1
Virtutes #1

Affascinante	Venustus
Affidabile	Certa
Appassionato	Iracundus
Artistico	Artis
Buono	Bonum
Curioso	Curiosus
Decisivo	Decretorium
Efficiente	Efficiens
Generoso	Liberalis
Indipendente	Independens
Intelligente	Intelligens
Modesto	Modestus
Paziente	Patiens
Pratico	Practica
Pulito	Mundus
Saggio	Sapiens
Utile	Benevolens

Congratulazioni

Ce l'hai fatta!

Speriamo che questo libro vi sia piaciuto tanto quanto a noi è piaciuto concepirlo. Ci sforziamo di creare libri della più alta qualità possibile.
Questa edizione è progettata per fornire un apprendimento intelligente, di qualità e divertente!

Le è piaciuto questo libro?

Una Semplice Richiesta

Questi libri esistono grazie alle recensioni che pubblicate.

Puoi aiutarci lasciando una recensione
ora a questo link ?

BestBooksActivity.com/Recensioni50

SFIDA FINALE!

Sfida n°1

Sei pronto per il tuo gioco gratuito? Li usiamo sempre, ma non sono così facili da trovare - ecco i **Sinonimi!**
Scrivi 5 parole che hai trovato nei puzzle (n° 21, n° 36, n° 76) e prova a trovare 2 sinonimi per ogni parola.

Scrivi 5 parole del *Puzzle 21*

Parole	Sinonimo 1	Sinonimo 2

Scrivi 5 parole del *Puzzle 36*

Parole	Sinonimo 1	Sinonimo 2

Scrivi 5 parole del *Puzzle 76*

Parole	Sinonimo 1	Sinonimo 2

Sfida n°2

Ora che ti sei riscaldato, scrivi 5 parole che hai trovato nei puzzle n° 9, n° 17 e n° 25 e cerca di trovare 2 contrari per ogni parola. Quanti ne puoi trovare in 20 minuti?

Scrivi 5 parole del **Puzzle 9**

Parole	Antonimo 1	Antonimo 2

Scrivi 5 parole del **Puzzle 17**

Parole	Antonimo 1	Antonimo 2

Scrivi 5 parole del **Puzzle 25**

Parole	Antonimo 1	Antonimo 2

Sfida n°3

Grande! Questa sfida non è niente per te!

Pronto per la sfida finale? Scegli 10 parole che hai scoperto nei diversi puzzle e scrivile qui sotto.

1.	6.
2.	7.
3.	8.
4.	9.
5.	10.

Ora scrivi un testo pensando a una persona, un animale o un luogo che ti piace.

Puoi usare l'ultima pagina di questo libro come bozza.

La tua composizione:

TACCUINO:

A PRESTO!

Tutta la Squadra

SCOPRIRE GIOCHI GRATIS

GO

↓

BESTACTIVITYBOOKS.COM/FREEGAMES